NOUVEAU CONDUCTEUR,
ou 𝕲uide
DES ÉTRANGERS
DANS LILLE
ET DANS SES ENVIRONS.

NOUVEAU
CONDUCTEUR,
ou Guide
DES ÉTRANGERS
DANS LILLE
Et dans ses environs;

ÉDITION

Ornée du plan de cette belle cité, et de la carte du troisième arrondissement du département du Nord dont elle est le chef-lieu.

A Lille,
CHEZ CASTIAUX, LIBRAIRE, GRAND'PLACE.
1826.

Les formalités voulues par la loi ayant été remplies, le propriétaire de cet ouvrage poursuivra les imprimeurs et les débitans d'éditions contrefaites.

LILLE. — IMPRIMERIE DE BLOCQUEL.

AVERTISSEMENT.

L'ouvrage que nous présentons au public n'appartient exclusivement ni à l'histoire ni à la statistique ; mais il tient quelque chose de toutes deux. Le récit méthodique des événemens qui concernent la ville de Lille depuis sa fondation, eût exigé un plan plus vaste ; la froide nomenclature des édifices publics sans indication des faits antérieurs qui, bien souvent peuvent seuls leur donner quelque intérêt, n'eût inspiré que de l'ennui. Notre but, d'ailleurs, étant de satisfaire à la fois l'étranger qui désire s'instruire de toutes les particularités remarquables qu'il peut avoir occasion d'observer, pendant son séjour dans cette ville, et l'habitant lui-même, dont la

AVERTISSEMENT.

mémoire a parfois besoin d'être aidée pour se rappeler certaines circonstances moins généralement connues que d'autres, nous avons cru ne pouvoir mieux faire que de suivre les premiers erremens d'un livre (1) dont l'édition entièrement épuisée, atteste l'utilité. Cependant, en nous servant des mêmes matériaux et d'une foule d'autres que nous avons été plus particulièrement à même de recueillir, nous avons jugé convenable de leur donner une disposition entièrement différente, et de les placer dans un cadre mieux approprié à notre but; nous prenons donc, pour ainsi dire, l'étranger par la main, et nous parcourons avec lui tous les quartiers de cette ville. Les

---

(1) Le *Conducteur*, ou *Guide des étrangers dans Lille et son arrondissement*, imprimé chez BLOCQUEL, en 1817.

descriptions et les souvenirs viennent alors se présenter naturellement et d'une manière plus diversifiée. En suivant une telle marche, il est vrai, nous n'avons pu observer aucun ordre, ni classification de matières ; mais nous croyons que cette irrégularité même pourra rendre plus agréable la lecture de cet opuscule ; de même que l'œil a plus de plaisir à se perdre dans les nombreux détours d'un jardin anglais qu'à contempler la froide symétrie du plus beau parterre. Un seul inconvénient se présentait, c'était la difficulté de retrouver au milieu de l'ouvrage, tel ou tel article, auquel on pouvait avoir besoin de recourir. Nous croyons y avoir suffisamment pourvu, par la formation d'une table méthodique où se trouvent rassemblés dans leur ordre naturel, toutes les matières contenues dans ce livre. C'est à cette *table que nous renvoyons le lecteur pour toutes les recherches qui lui seraient nécessaires.*

Il ne nous reste plus qu'à faire observer que nous écrivons en 1826, et qu'on ne peut nous rendre responsables des changemens que le temps apportera nécessairement aux différens objets que nous avons décrits. La vérité a été notre seul guide. Si pourtant nous avions involontairement commis quelqu'erreur, nous recevrons avec reconnaissance, les avis des personnes qui voudront bien nous les faire apercevoir.

GUIDE DES ÉTRANGERS
DANS LILLE
Et dans ses environs.

I.re JOURNÉE.

Aujourd'hui que la facilité des communications, le bas prix des moyens de transport et les besoins du commerce ont multiplié les voyages à un point que nos bons ayeux eussent sans doute regardé comme impossible, si un habile devin avait pu le leur prédire, il n'est pas de ville qui ne voie chaque jour arriver quelques étrangers conduits dans ses murs par les affaires ou les plaisirs. Celle de Lille surtout a droit sous ce double rapport à de nombreuses visites, et pourrait fixer l'attention de celles qu'elle reçoit journellement si elle était mieux connue ; mais en général les voyageurs ne prennent qu'une idée superficielle des objets qui s'offrent à leurs regards, et trop souvent même, dépourvus des notions qui pourraient leur en faire prendre une plus juste idée, ils arrivent sans rien savoir, passent sans rien voir, et repartent sans avoir rien appris de ce qui aurait pu les intéresser dans des localités mal connues, même de la plupart des habitans.

On sait bien que tout n'est pas également digne d'occuper l'esprit ou les yeux de l'étranger, soit qu'il descende commodément de sa propre berline, qu'il sorte bien froissé et chiffonné d'une voiture publique ou qu'il fasse pédestrement son entrée, les pieds poudreux et le bâton à la main. Il y a tant de diversité dans les goûts de notre pauvre espèce humaine qu'il faut renoncer à les contenter tous. Pour surmonter cette difficulté et ne négliger aucun des points de vue sous lesquels mon pays peut être considéré, il faudrait rencontrer un de ces hommes ardens à s'instruire, dont l'active curiosité s'étend à tout, veut tout embrasser, et ne dédaigne aucun détail. Supposons, cher lecteur, que vous êtes précisément de ce caractère (une supposition n'engage à rien), que je vous rencontre arrêté à la barrière de la porte de Paris, pour soumettre votre cabriolet à la visite d'usage ; que vous avez un grand désir de connaître à fond une ville qui jouit de quelque célébrité, et dont vous n'avez guères appris que le chemin de l'*Hôtel de l'Europe* à l'Esplanade et le l'Esplanade au Spectacle. Dans les dispositions où je me trouve, voici une occasion favorable pour tous deux : Je vous offre mes services, vous les acceptez sur-le-champ, et comme il vous reste encore deux grandes heures avant celle du dîner, vous mettez pied à terre, vous faites prendre les devans à votre cabriolet et nous commençons la tournée dont je vais tracer l'itinéraire.

La Porte de Paris.

Arrêtons-nous d'abord au premier objet qui s'offre à nos yeux. Ce monument d'ordre dorique, élevé à la gloire de Louis-le-Grand, se présente sous un aspect vraiment majestueux. On reconnaît le génie du grand siècle dans la noblesse des proportions et dans la sage distribution des ornemens qui tous se rattachent au sujet principal. Aucune place de guerre ne peut se flatter, dit-on, de posséder une entrée comparable à celle-ci, et c'est encore un des bienfaits du Roi à qui nous devons notre réunion à la France. Cet arc de triomphe, dont le plan et l'exécution firent le plus grand honneur à l'architecte *Volans*, fut érigé en 1682 par le magistrat de Lille, sur l'emplacement de la vieille porte des Malades, ainsi nommée parce qu'elle conduisait à une *Maladrerie*, ou hôpital de lépreux, située à l'entrée du faubourg du même nom. On s'est occupé récemment de restaurer une partie des ornemens de ce beau morceau d'architecture, qui porte aujourd'hui le nom de *Porte de Paris*. C'était justice, surtout à l'égard des deux statues de Mars et d'Hercule qui, dans un temps qu'il n'est pas nécessaire de nommer, subirent un genre de mutilation fort en vogue alors : car sans respect pour les divinités de Rome et de la Grèce, quelque brave sans-culotte s'avisa de les dénoncer comme aristocrates, et il était indispensable en cette qualité de leur couper la tête. Pendant près de trente ans, ces deux infortunés figurèrent dans cet état aux deux côtés de la Porte des Malades ; mais le jour de la justice étant arrivé, Hercule et Mars durent avoir part aux restitutions, et on leur remit la tête sur les épaules. Que n'a-t-on pu en faire autant à toutes les victimes de la révolution ?

Le pont qui conduit à cette porte vient aussi d'éprouver une amélioration importante. Quoique d'une longueur d'environ 125 pas, il était si étroit que deux voitures n'y pouvaient passer de front, ce qui causait souvent des encombremens fâcheux à ses extrémités, et exposait les piétons à être à chaque instant froissés entre les roues des voitures et les barres de fer qui garnissent les côtés du pont. Ce dernier est maintenant élargi et augmenté de beaux trottoirs, par les soins de MM. les officiers du génie militaire, et particulièrement de M. le capitaine Bergère, à qui l'on doit le plan de cet ouvrage.

Avant de quitter la Porte de Paris, nous exprimerons le vœu que sa partie supérieure soit aussi convenablement restaurée, et surtout que la figure principale qui la surmonte soit rendue à sa véritable destination, en couronnant le buste de Louis XIV, figuré autrefois dans une espèce de médaillon, qui ne présente plus à la vue qu'un fragment informe.

La Rue de Paris.

Nous voilà dans la ville ; mais la Rue de Paris, qui se prolonge au loin devant nous, n'offre rien de remarquable que son étendue et le mouvement continuel d'une population active et laborieuse. Ce n'est pas d'aujourd'hui que cette rue est aussi fréquentée, car un titre de 1535 nous apprend qu'à cette époque l'affluence y était si grande, que bien souvent les marchands ne pouvaient sortir de leurs boutiques, ni les ouvriers entrer dans leurs ateliers, à cause de la quantité de voitures et de charettes qui obstruaient tous les passages. Ce fut pour prévenir les inconvéniens qui en résultaient, que dans la même année le magistrat de Lille acheta la maison de l'*Epinette*, située à l'un des coins de la Grand'Place, et y ouvrit une rue qui prit le nom de rue *Neuve*, et qui fut destinée à offrir une issue à ceux qui trouvaient le passage encombré dans la rue des *Malades*.

Maison de Santé. — Raffinerie de Salpêtre. — Les Pauvres Claires. — La Trinité.

En parcourant cette dernière rue nous rencontrerons deux établissemens, dont l'un se rattache à la corruption des femmes, et l'autre à la méchanceté des hommes, qui ont de tout temps cherché à perfectionner l'art de s'entre-détruire. Le premier est la *Maison de Santé* pour les filles publiques ; le second, la *Raffinerie de Salpêtre* qui occupe les principaux bâtimens de l'ancien couvent des Capucins. Il y avait autrefois dans cette même rue une maison des Sœurs de Sainte-Claire, dont une partie est aujourd'hui convertie en fabrique, et l'Hôpital de la Trinité, dont la chapelle est devenue une habitation particulière.

L'Hôpital Gantois.

Si nous remontons vers la porte nous nous arrêterons à cet asyle de la vieillesse, dont notre ville est redevable à la pieuse charité d'un de ses citoyens. En 1466, Jean de la Cambe, dit *Gantois*, fonda cet hospice pour treize femmes décrépites et le nombre de religieuses nécessaires pour les soigner. Cet utile établissement s'accrût dans la suite par des fondations particulières et par les dots qu'y apportèrent les Sœurs à qui il était confié, et qui suivaient la règle de saint Augustin. Depuis quelques années il est rendu à des religieuses du même ordre qui s'acquittent dignement des devoirs pénibles auxquels elles se sont soumises par zèle pour la religion et pour l'humanité.

Paroisse de Saint-Sauveur.

Voulez-vous connaître un peuple tout particulier et comme isolé au milieu de cette grande ville? Entrons dans ces étroits passages connus sous le nom de *Cours*, et qui ne forment en quelque sorte qu'un grand labyrinthe de la majeure partie du terrain situé entre les rues de Paris et de Saint-Sauveur. Les paisibles demeures que l'on trouve dans quelques-unes de ces cours, annoncent la pauvreté, mais non la misère. On y remarque encore un peu de cette ancienne propreté qui distingue les vieux ouvriers de ceux des fabriques modernes. Ce sont sans doute là les descendans de ces *Saïetteurs* et de ces *Bourgeteurs* qui rendirent autrefois le commerce de Lille si florissant, qu'on y fabriquait vers la fin du seizième siècle plus de trois cent mille pièces d'étoffe chaque année. D'autres passages conduisent à de nombreux jardins dont les murs peu élevés permettent d'y plonger la vue. Ce n'est ni le goût ni la mode qui en ont tracé les plans ; mais chaque pouce de terre y est employé. On y voit l'œillet déployer ses branches parasites autour des baguettes destinées à les soutenir, et l'artichaut hérissé d'épines qui s'élève en couvrant la terre de ses larges feuilles. Les maisons n'ont qu'une entrée fort basse et leur vétusté les fait pencher sans que le propriétaire s'inquiète beaucoup de leur chûte. On se croirait ici au milieu d'un peuple cultivateur, et quelque philosophe pourrait y choisir une retraite, si le bruit sourd et monotone d'une manufacture voisine n'était propre à le troubler dans ses méditations. Par un contraste étrange, à côté de ce séjour tranquille et salubre se trouvent des ruelles infectes d'où s'exhale une odeur repoussante, et qui sont habitées par une foule de malheureux à la charge de l'administration des hospices. On les voit, couverts de haillons à peine suffisans pour cacher leur nudité, sortir pâles et décharnés des espèces de cachots qui leur servent de retraite. C'est dans ces antres inaccessibles au jour (je dirais presque à l'air), que des familles entières couchent pêle-mêle sur un peu de paille humide, tandis qu'à cinquante pas de là le luxe étale les trésors, amassés par le commerce.

Hâtons-nous de chercher un air plus pur en dirigeant nos pas vers la *Place du Réduit*. D'ici nous pourrons contempler à notre aise ce quartier de St-Sauveur qui doit son existence au plus affreux désastre. Ferrand de Portugal, comte de Flandre, ayant attiré sur lui la vengeance de Philippe-Auguste, vit tomber ses principales villes sous la puissance de ce roi. Lille, qui lui avait opposé le plus de résistance, fut mise au pillage, et, pour mieux s'en assurer la possession, Philippe y fit construire un fort nommé *des Renneaux*, dont il confia la garde à une nombreuse garnison, commandée par son fils le prince Louis ; mais à peine le roi s'était-il éloigné, que les habitans reprirent les armes et chassèrent les troupes françaises du fort qu'elles occupaient. A cette nouvelle, le roi revint plus irrité, s'empara une seconde fois de la ville, la réduisit en cendres et fit un horrible carnage de ses habitans. La plupart de ceux qui parvinrent à s'échapper se réfugièrent en Angleterre. D'autres furent pris et vendus comme esclaves. Enfin, on pouvait croire que le nom même de Lille allait être effacé pour toujours, lorsque la bataille de Bouvines ayant mis fin à la guerre, la comtesse Jeanne revint dans ses états, et durant la captivité de son époux, mit tous ses soins à réparer les maux qui avaient désolé la Flandre. Cette malheureuse ville fut d'abord l'objet de sa sollicitude, et par ses ordres on ne se borna pas seulement à la rebâtir telle qu'elle était avant sa destruction ; mais elle fut augmentée de toute l'étendue de la paroisse de St-Sauveur, (1) qui se peupla bien-

(1) Tout porte à croire que c'est à cette même époque, qu'une nouvelle enceinte réunit à la ville proprement dite, les paroisses de St.-Étienne et de St.-Maurice qui précédemment composaient le bourg et se trouvaient hors des murs.

tôt d'une foule d'ouvriers attirés dans ses murs par la douceur d'un gouvernement sage et paisible. Depuis lors ce quartier n'a pas cessé de fournir des bras à l'industrie, quoiqu'elle ait souvent changé d'objet. On y fabriquait autrefois des calemandes, des serges, des damas, des bourats, des polimis, des becs, etc. Aujourd'hui on y file le coton. Les fabriques de fil retors y sont encore assez nombreuses; mais la dentelle qui faisait jadis une des principales branches du commerce de Lille, a beaucoup souffert par la concurrence des tulles de coton, et le nombre des dentelières est considérablement diminué.

Le Fort St-Sauveur

Maintenant arrêtons nos regards sur ce petit Fort qui emprunte son nom du quartier où il est situé. Il fut construit en 1671, bien moins pour servir à la défense de la ville, que pour en imposer aux habitans, dont la vigoureuse défense lors du siège n'annonçait pas des sentimens bien favorables à la domination française. Louis XIV, jaloux de conserver sa conquête, donna les ordres les plus sévères pour que ses troupes cherchassent par leur conduite à se concilier l'estime et l'affection des Lillois; mais en même temps il fit bâtir le Fort St.-Sauveur pour contenir la populace, toujours plus accessible à la crainte que sensible aux bons procédés. Ce Fort, aujourd'hui, n'est occupé que par le commandant du génie qui d'ordinaire y prend son logement.

L'Hôpital Saint-Sauveur.

A quelques pas d'ici voyez-vous cet édifice d'une architecture simple et peu apparente, qui termine de ce côté la rue de Saint-Sauveur et ne se fait guères remarquer que par l'étendue de sa façade ? C'est un des principaux établissemens fondés par cette même comtesse Jeanne dont le nom reviendra souvent dans le cours de cette description, et qui, voulant pourvoir aux besoins des pauvres malades d'une ville dont elle était pour ainsi dire la seconde fondatrice, fit bâtir en ce lieu un hôpital *dit de Saint-Sauveur*, mais sous l'invocation de saint Jean l'évangéliste (1). Cependant, quelques difficultés née du terrain et surtout du manque d'eau, obligèrent la comtesse à laisser son ouvrage imparfait, en restreignant de beaucoup le nombre des malades qu'elle se proposait de faire admettre dans cette maison, dont elle ne put achever les bâtimens. Ce ne fut qu'en 1698 que l'Hôpital St.-Sauveur reçut un accroissement considérable par le don que lui fit Louis XIV, des biens des Maladreries de *la Bonne-Maison*, du *Pont-à-Marcq*, de *Canteleu* et de l'hôpital d'*Anstaing*. Dès-lors les sœurs de Saint-Augustin à qui cet établissement était confié, s'occupèrent avec succès de le rendre digne de son illustre fondatrice. Aujourd'hui des religieuses du même ordre, rappelées par l'administration des hospices pour le service de cette maison, prodiguent à leurs malades les soins les plus touchans. Pénétrons dans ces salles de souffrances où la religion se présente sous des traits conso-

---

(1) On conserve avec soin dans cette maison le portrait en pied de Baudouin IX, comte de Flandre et empereur de Constantinople, et ceux des comtesses Jeanne et Marguerite ses filles.

lateurs, et vient adoucir les maux que l'art ne peut plus guérir. Si l'aspect de l'homme luttant contre la mort offre un spectacle terrible, la vue d'une douce et tendre charité, qui l'entoure à ses derniers momens, et le fortifie encore par l'espérance, est une image propre à élever l'ame et à inspirer de l'admiration pour un sexe succeptible de tant de vertu.

Dans cet hôpital, où d'ailleurs on voit régner la propreté la plus recherchée, les malades sont séparés des blessés afin de ne point agraver la situation de ces derniers, par le contact d'un air souvent contagieux. La nourriture des convalescens est saine et aussi abondante que leur état le permet. Des lits en fer, garnis de rideaux blancs, donnent à toutes les salles un aspect uniforme, et qui éloigne l'idée de la misère ; enfin, les améliorations successives introduites depuis quelques années dans le régime et dans le matériel de cet établissement, tant par les sœurs qui s'y dévouent au service des pauvres que par la commission qui en a la haute administration, ne laissent plus rien à désirer sous le triple rapport du traitement curatif, de l'hygiène et de la salubrité.

L'Église de Saint-Sauveur.

Tout proche de cet hôpital se trouve l'Église paroissiale du même nom. Elle était remarquable autrefois par la belle flèche gothique dont sa tour était surmontée ; mais ce monument du treizième siècle, ayant servi de point de mire aux Autrichiens, lorsqu'ils bombardèrent cette ville en 1792, il succomba sous l'effort des boulets enflammés dirigés contre lui.

L'intérieur de l'église est assez vaste; mais elle manque d'élévation. Elle a été récemment embellie d'une belle boiserie et d'une chaire fort bien sculptée. On y remarque aussi deux chapelles en très-beaux marbres de différentes couleurs. L'une d'elles, fraîchement restaurée, est d'un effet très-riche qui, malheureusement, contraste un peu trop avec la voûte du chœur, grossièrement bariolée comme une église de village. Quant aux tableaux, il n'y en a pas un qui mérite d'être cité.

Rue Saint-Sauveur.

Si pour faire une belle rue il ne faut que laisser un large espace entre deux rangs de maisons, la rue Saint-Sauveur est à coup sûr la plus belle de Lille ; mais elle perd beaucoup de son mérite si l'on considère l'irrégularité des bâtimens qui se composent en grande partie de fabriques, d'habitations d'ouvriers et de quelques vieilles maisons en bois qu'on y laisse encore subsister.

Dans l'espace compris entre la rue S.-Sauveur et le rempart, se trouvent plusieurs rues étroites et remplies d'une nombreuse population. Nous pouvons nous dispenser de les parcourir : la seule remarque à y faire c'est qu'il existe encore quelques ruines de maisons brûlées lors du bombardement dont je viens de parler. Ce malheureux quartier présenta pendant plusieurs jours l'effrayant spectacle d'un vaste incendie. L'ennemi n'ayant pas les forces nécessaires pour entreprendre un siège en règle, crut parvenir à son but en jetant l'épouvante parmi la masse du peuple, qui d'après toutes les probabilités devait se soulever et obliger les autorités à se rendre ; mais cette atroce politique ne fit qu'exaspérer des gens qui, voyant la perte de tout ce qu'ils possédaient, n'avaient plus d'autre crainte que celle de tomber au pouvoir d'un ennemi susceptible d'une cruauté si réfléchie. On vit même dès le troisième jour les habitans s'accoutumer tellement au péril qui les environnait, que, tandis que les hommes devenus soldats veillaient sur les remparts ou volaient au secours des maisons incendiées, les femmes observaient nuit et jour la direction des boulets rouges, les poursuivaient dans leur chute, les ramassaient avec des casseroles ou avec des linges mouillés et les plongeaient aussitôt dans des cuves pleines d'eau, placées à la porte de chaque habitation. Le courage et le sang froid s'étant ainsi popularisés, tout concourut à assurer le succès de la défense. Les Autrichiens se retirèrent sans recueillir d'autre fruit de leur entreprise que la honte de l'avoir tentée inutilement, et la France toute entière applaudit à la glorieuse résistance des Lillois, qui reçurent de toutes parts des témoignages d'estime et de reconnaissance.

L'Eglise de Saint-Maurice.

Mais laissons ce quartier et les nobles souvenirs qu'il rappelle, et rapprochons-nous du centre de la ville. Le premier objet qui doit attirer notre attention est l'église paroissiale de Saint-Maurice, qui a aujourd'hui la suprématie sur toutes les autres. Mais dans quel état va-t'elle paraître à nos yeux! masse caduque, affaissée sous le poids de huit siècles, nous la verrons en partie entourée d'énormes supports en bois, placés tant à l'extérieur qu'à l'intérieur, pour prévenir la chûte de la tour dont la base présentait des crevasses qu'on voyait croître de jour en jour. La sentinelle vigilante qui, du haut de cet édifice, guettait jour et nuit l'apparition du moindre danger de feu, disait sentir parfois un balancement assez marqué qui n'était guères amusant dans sa position, et les habitans des maisons voisines n'entendaient pas sans effroi la fatale trompette qui d'heure en heure semblait leur annoncer le jugement dernier. Grâces aux précautions prises à temps, la tour provisoirement assurée sur ses fondemens n'a pas réalisé les justes craintes que sa vétusté avait fait concevoir, et l'on s'occupe maintenant de la démolir ; ce parti ayant été jugé nécessaire après de mûres délibérations.

Malgré l'aspect effrayant qu'elle présente, ne craignons pas d'entrer dans cette église, dont la partie demeurée saine est séparée par un mur de celle où s'exécutent les travaux. Le vaisseau en est vaste, si on le compare aux autres églises de cette ville : sa structure gothique, l'élévation de ses arceaux et le nombre de ses chapelles rendent son intérieur assez imposant. On y trouvait autrefois beaucoup de tableaux estimés. *Arnould De-Wuez, Wamps, Bergame le père, Van-Oost* et autres, avaient enrichi les chapelles de leurs meilleurs ouvrages. Il n'en reste qu'un petit nombre, parmi lesquels on ne peut guères citer que le saint *Nicolas* de Vanderburgh le père, et le *Martyre de St.-Maurice* par Lenghen Jan. La chaire en marbre passait pour un bon morceau de sculpture et le chœur était orné d'un portail aussi en marbre, servant de mausolée à un sieur *de Mantis-*

sart. Toutes ces choses ont disparu à l'époque où l'église de Saint-Maurice, changeant de nom et d'objet, fut consacrée au culte burlesque de la déesse *Raison*. La chaire actuelle est petite et mesquine ; mais on a embelli le chœur d'une grille en fer dans le style gothique, dont le travail est estimé.

Mausolée du duc de Berry.

Nous nous sommes peut-être un peu trop arrêtés à ces détails puériles. Un monument du plus haut intérêt devait attirer d'abord notre attention. Il n'est personne en effet qui, en entrant dans cette église, ne dirige ses pas vers le tombeau qui renferme une partie des dépouilles mortelles d'un prince chéri. L'infortuné duc de Berry avait contracté avec le département du nord une alliance inviolable. Sa promesse devait-elle sitôt être accomplie !

Recueillons-nous avec respect devant la dernière demeure de ses augustes restes. Mais si nous ne voulons pas être distraits des sensations que ce lieu fait naître, ne considérons que le but et l'ensemble du mausolée sans nous livrer à l'examen des détails. Une critique trop fondée viendrait malgré nous s'emparer de nos pensées, et nous éprouverions de vifs regrets que l'exécution d'un monument de cette importance ne réponde pas entièrement à sa destination.

Statues de saint Pierre et saint Paul.

Pour nous en dédommager traversons le chœur et plaçons-nous à une petite distance des deux belles statues qui ornent les côtés latéraux du maître-autel. Elles sont d'un jeune artiste que notre département s'honore d'avoir vu naître. Celle qui nous représente le prince des apôtres, au moment où il vient de reprocher aux Juifs le crime horrible qu'ils ont commis en faisant mourir Jésus-Christ, est d'une grande beauté d'expression. On aperçoit encore sur son front les traces de l'indignation dont il était pénétré en commençant sa harangue, tandis que le reste de sa physionomie est empreint de l'espérance qu'il s'efforce d'inspirer aux pécheurs en leur montrant l'étendue de la miséricorde divine. Cette transition, dont la difficulté ne pouvait être vaincue que par un homme de génie, est aussi profondément sentie que savamment exécutée. Toutes les autres parties sont également dignes d'éloges : le bras levé vers les cieux est parfaitement posé, sans roideur ni effort ; les draperies qu'il soulève et celles qui couvrent le corps sont jetées avec le goût le plus pur et la vérité la plus frappante. Le nu s'y fait sentir malgré l'épaisseur de l'étoffe et la profondeur des plis ; enfin l'attitude est à la fois noble et animée ; tout en elle se ressent de la grandeur du sujet, et le mouvement se décèle jusques dans les moindres détails.

M. Bra n'a pas été moins heureux dans la composition de son *St. Paul*. Le caractère de l'apôtre des nations est tracé d'une manière parlante dans cette belle statue. Une exaltation réfléchie semble l'animer. Ses regards ne se lèvent point vers le ciel et ne s'abaissent point vers la terre. C'est dans son âme embrasée qu'il semble puiser les armes victorieuses qu'il se dispose à employer pour terrasser l'idolâtrie.

Le Pont de Phin.

En sortant de St. Maurice nous passerons sur le *marché au fil de lin*, qui n'est qu'une rue établie en partie sur un pont auquel on a donné le nom de *pont de Phin*. Des étymologistes ont prétendu trouver un rapprochement entre ce nom et celui de *Phinar*, tyran fameux dans nos annales, qui pourrait bien cependant n'avoir existé que dans l'imagination de quelques vieux chroniqueurs. Si on les en croit, ce Phinar aurait dressé une embûche à Salvaer, prince de Dijon, et l'aurait massacré avec tous ses gens dans la forêt *sans pitié* qui couvrait tout ce pays ; mais Emelgaïde, épouse de Salvaer, aurait échappé à la mort et donné le jour bientôt après à un fils qui, ayant été élevé sous le nom de Lydéric par un hermite, et nourri par une biche, serait devenu dans la suite capable de venger le meurtre de son père et aurait vaincu Phinar dans un combat en champ clos, en présence du roi Clotaire I. Suivant la même tradition, ce lieu, témoin de la victoire de Lydéric, serait devenu son séjour ordinaire après qu'il eût été investi de la charge de grand forestier de Flandre, et aurait ainsi donné naissance à la ville de Lille. Je ne prétends point discuter ici la vraisemblance de cette origine ; je ne fais que rapporter une histoire long-temps accréditée : vous n'en croirez que ce qu'il vous plaira. Quant à l'époque où fut construit le pont qui a donné lieu à cette digression, Panckoucke ne la place qu'en 1263, c'est-à-dire plus de six cents ans après le combat dans lequel Phinar aurait succombé.

Le Marché aux Poissons.

Nous ne sommes ici qu'à deux pas du Marché aux poissons, nous pouvons le traverser, et jeter en passant un regard sur sa distribution qui est assez commode, et sur la construction moderne qui figure au milieu. Deux pompes en forme de fontaines accompagnent cet édifice, et servent à diminuer l'insalubrité qui résultait auparavant de la quantité d'immondices amassées en cet endroit (1).

---

(1) Au commencement du siècle dernier, on voyait

Les Halles.

Entrons dans ce petit passage qui ne ressemble en rien à ceux des *Panoramas* ni de la rue *Vivienne*, quoiqu'il serve au même usage. Ici, nous ne serons ni charmés par l'éclat des marchandises les plus précieuses, ni éblouis par l'or et le cristal qui décorent les magasins ; mais nous passerons entre deux rangs de boutiques fort propres quoiqu'obscures, où se vendent, depuis un temps immémorial, quantité de petits articles de mercerie et de lingerie. On ne peut en vérité s'empêcher d'admirer la multitude de besoins dont la civilisation est venue nous gratifier, quand on songe que c'est à ce petit nombre de boutiques que se bornait, il y a quatre ou cinq cens ans, la vente des objets de luxe.

---

encore à Lille, sur le marché aux poissons, le Carême personnifié. D'abord il paraissait bien vêtu et en bonne santé, et suivi de poissonniers qui formaient sa cour. Son embonpoint et ses courtisans diminuaient à mesure que Pâques approchait. On le voyait ensuite en bonnet de nuit, accompagné d'un médecin et d'un apothicaire. Enfin, il mourait la veille de Pâques, à midi. On lui attachait alors beaucoup de fusées et de pétards, qui réjouissaient le peuple, et qui réduisaient la figure en cendres. (Extrait des Aménités littéraires).

A la sortie des Halles nous trouverons le café *Lalubie* : tandis que nous y ferons, si tel est notre plaisir, un excellent déjeûner à la fourchette, nous réfléchirons à notre aise sur l'instabilité des choses humaines, en songeant que cette maison, dont les murs épais attestent encore l'antique solidité, fut long-temps le siège échevinal du magistrat de Lille ; le lieu de ses séances ; l'hôtel de de ville en un mot. Dans ces salles où d'adroits joueurs font rouler sur un tapis vert des globules d'ivoire, de graves échevins rendaient la justice et faisaient observer les lois ; et sur ces murs où figuraient leurs ordonnances, on lit aujourd'hui les règles de la *Poule* et de la *Carambole* !

La Salle des Spectacles.

Avant de nous éloigner de ce voisinage, arrêtons un moment nos regards sur la salle des Spectacles dont le péristyle se présente avec noblesse, quoiqu'on reproche à ses colonnes d'être un peu lourdes. Cet édifice, entièrement isolé, a été construit en 1785, par l'architecte *Lequeux*; l'intérieur était distribué d'une manière à la fois agréable et commode ; on n'avait guères à se plaindre que du peu de développement de la scène, où les acteurs étaient resserrés de façon à nuire souvent à l'effet du spectacle. En 1821 on a voulu remédier à cet inconvénient, agrandir le théâtre, augmenter la salle d'un rang de loges et faire un parterre assis : mais ce n'est pas sans raison que le sage a dit : *le mieux est l'ennemi du bien.* Ce projet, approuvé d'abord par toute la ville, semblait devoir la dégréver avec le temps d'une charge assez onéreuse, et faire la fortune du directeur : il en est arrivé tout le contraire. Pourquoi ?.... c'est une question que chacun se croit habile à résoudre en blâmant tout à tort et à travers; soyons plus justes : disons que l'idée première était bonne ; mais que le plan fut mal conçu, bien qu'on se fut adressé à un architecte dont la réputation promettait une plus heureuse réussite. Et quand le soir nous viendrons en juger par nous-mêmes, nous désapprouverons la disposition du parterre qui empêche ceux qui s'y trouvent de voir les personnes placées dans les loges ; mais nous remarquerons qu'on y est sur des banquettes commodes et qu'on y voit parfaitement la scène. Nous trouverons peut-être étrange qu'en agrandissant la salle on ait effectivement diminué le nombre des places qu'elle pouvait contenir; nous verrons que le public est trop près des acteurs, l'orchestre étranglé, de façon à nuire à l'effet de la musique et surtout à l'ensemble de son exécution ; mais nous donnerons des éloges au décor de la salle et surtout à ceux du théâtre ; nous admirerons le plafond où figurent des muses fort bien peintes, et le lustre brillant qui y est suspendu. Enfin, si nous trouvons matière à de justes critiques, nous aurons aussi quelquefois sujet d'applaudir, et c'est toujours une consolation.

La place des Reignaux. — Temple des Protestans. — Les Bons-Fits.

Quittons maintenant le spectacle et reprenons notre tournée vers l'Est. Tout auprès des ponts de Commines, construits sur une des branches de la Deûle, on trouve une petite place publique dont le nom vient par corruption, de celui du fort des *Renneaux*, que Philippe-Auguste avait fait bâtir en ce lieu, ainsi que je l'ai déjà rapporté. Un peu plus loin nous entrons dans la rue de Tournai, autrefois rue de l'*Abbiette*. Le premier édifice qu'on y rencontre est l'ancienne église des *Frères Bons-Fils*, aujourd'hui à l'usage du culte des *Chrétiens réformés*, ou Protestants. Derrière ce temple se trouve encore le local où l'on renfermait les aliénés. A l'époque de la révolution, ces malheureux furent remplacés par des victimes de l'anarchie qui désolait la France. De cruels et touchans souvenirs se rattachent à ces lieux. Un illustre proscrit les a rendus célèbres, et sa plume, qui a pris soin de retracer de grandes infortunes, n'a pas négligé les témoignages de la plus vive reconnaissance envers les habitans de Lille, pour les soins et les consolations que beaucoup d'entr'eux lui ont prodigués, ainsi qu'à ses malheureux compagnons (1).

---

(1) Voyez les **Mémoires de M. le duc de Choiseul,** qui fut détenu pendant quelque temps chez les Bons-Fils, avec d'autres personnages de distinction.

Femmes en démence.

Ces tristes demeures sont maintenant occupées par des femmes en démence. Celles dont la situation n'exige pas des précautions particulières, ont la jouissance d'un petit jardin, où elles se réunissent quand le tems le permet.

L'*Abbiette.*

En avançant dans la rue de Tournai nous entendrons le cliquetis des machines qui broyent, étendent et filent l'utile produit d'un arbuste qui occupe dans les deux mondes des centaines de millions de bras. Remarquez vers la gauche le vaste bâtiment d'où part ce bruit. C'est près de là qu'existait l'ancienne et célèbre abbaye, connu sous le nom de l'*Abbiette*. Un portique en quelque sorte enclavé dans le mur d'une habitation voisine, est le seul vestige qui en reste. Le fronton présente une couronne et des palmes entrelacées avec la devise : *Virginis*. Ce monastère fut fondé en 1276 par la comtesse Margueritte; mais placé d'abord près du village de St.-André, sur les bords de la deûle, ce ne fut qu'en 1345 que les religieuses vinrent s'établir dans l'intérieur de la ville. Elles furent, à différentes époques, honorées par des papes et des souverains d'une protection toute particulière. L'électeur de Cologne, qui fut forcé, au commencement du dix-huitième siècle, d'abandonner ses états et de se réfugier à Lille, avait pris cette maison en singulière affection. Ce prince, ayant reçu les ordres sacrés, fit, en 1708, bâtir à l'Abbiette, une chapelle dédiée à *Notre-Dame de Lorette*, où suivant sa volonté ses entrailles furent déposées après sa mort.

L'Hôtel du Gouvernement.

Vers l'extrêmité de la même rue, on voit encore l'ancien *Hôtel du Gouvernement*, transformé aujourd'hui en une belle filature de coton.

Porte de Tournai.

Près de là se trouve la porte de Fives ou de *Tournai*, qui est la plus mal située de toute la ville, par rapport aux rues qui y ont accès. Elle rappelle de bien pénibles souvenirs ! La journée du 29 avril 1792 sera écrite dans nos annales en caractères sanglans, et ce lieu fut le principal théâtre des horreurs commises par quelques scélérats, la plupart étrangers à notre ville. Une partie de la garnison de Lille, commandée par le général, comte de Dillon, était sortie le 28 au soir pour aller surprendre Tournai. Arrivée au village de Baisieux, la petite armée fit halte jusqu'au jour avant de passer la frontière. A quatre heures le général s'avança sur le territoire autrichien, et envoya un trompette faire la déclaration de guerre. Quelques heures après, on eût connaissance de l'ennemi qui s'avançait en nombre supérieur (1). Conformément aux ordres dont il était porteur, M. de Dillon commanda la retraite qui commençait à se faire en bon ordre, lorsque les cris : *Sauve qui peut ! nous sommes trahis !* furent proférés dans la foule et transmis de bouche en bouche avec la ra-

---

(1) Ce récit qui n'est pas d'accord en tout point avec la tradition populaire est justifié par les procès-verbaux de l'époque qui existent aux archives de la Mairie.

pidité de l'éclair. Une terreur panique s'empare soudain de ces guerriers si présomptueux le jour précédent. Les cavaliers passent sur le corps à l'infanterie ; le général essaie en vain de rallier les fuyards ; ceux-ci ne s'arrêtent qu'aux portes de Lille. Des émissaires répandus à dessein parmi les soldats, et qui seuls sans doute étaient les auteurs de ce désordre, persuadèrent facilement à ces hommes exaspérés que le général les avait vendus. Il était noble, et c'était alors un crime irrémissible. Au moment où ce chef, que son caractère et ses vertus rendaient digne d'un meilleur sort, venait de passer la Porte de Fives, il fut assailli et inhumainement massacré par les soldats auxquels s'étaient joints des hommes et même des femmes de la lie du peuple. Les meurtriers parcoururent ensuite la ville et y commirent de nouveaux assassinats ...... Mais laissons ce triste sujet, et reprenons le cours de nos promenades ; nous n'aurons plus occasion, grâce au ciel ! de retracer les crimes de cette époque désastreuse.

Caserne des Buisses.

En traversant la petite esplanade qui touche à la Caserne des *Buisses*, nous remarquerons un beau magasin à poudre construit tout récemment. Quant à la Caserne, il n'y a rien à en dire, si ce n'est que les bâtimens en sont trop resserrés, défaut qui lui est commun avec la Caserne de Saint-Maurice, située dans le même voisinage.

Archives du Département.

Dirigeons-nous ensuite vers un grand bâtiment, nommé vulgairement le *Lombard*, qui existe dans la rue du même nom. C'était anciennement une maison de prêt sur gages. Depuis que la préfecture du Nord a été transférée de Douai à Lille, on a fait de cet édifice le dépôt des Archives du Département; et l'on y dispose maintenant un logement convenable pour le secrétaire général de la préfecture. Cet établissement renferme beaucoup de documens précieux qui intéressent le public et les particuliers. On y remarque, entr'autres le recueil des Chartes des Comtes de Flandres; mais le désordre avec lequel on y a jeté dans le principe une immense quantité de papiers de toute espèce, a amené une confusion, qui ne pourra se réparer qu'avec le temps. Des employés instruits et intelligens s'occupent de cet important travail dont la nécessité est généralement reconnue. L'amphithéâtre de chimie appliquée aux arts, se trouve dans une partie de ce bâtiment; et l'on remarque en face la fabrique de cardes de MM. Scrive frères qui est un des beaux établissemens d'industrie de cette ville.

Le Marché au Beurre.

Non loin de là se trouve le vaste emplacement sur lequel existaient le couvent et l'église des Frères Mineurs, appelés communément *Récolets*. Ces religieux furent établis à Lille par la comtesse Margueritte. Dans la suite lorsqu'ils eurent adopté la nouvelle observance, ils firent rebâtir leur église qui fut achevée en 1692. On y admirait une voûte qui passait pour un chef-d'œuvre de hardiesse. Elle fut démolie en 1806 et ce terrain a été converti depuis en un marché couvert, où se vendent le beurre et la volaille.

Le chœur de cette église, qui seul a été conservé, a reçu une destination toute différente. Il renferme maintenant la bibliothèque de la ville et le musée de peinture. Ces deux collections, qui intéressent tout ami des arts et des lettres, méritent une visite moins rapide que nos courses de ce jour. Nous la remettrons à demain, afin d'y pouvoir consacrer tout le temps nécessaire.

II.e JOURNÉE.

Puisque nous sommes prêts de bonne heure; nous commencerons cette seconde tournée, comme nous en sommes convenus hier, par la bibliothèque et le musée. « Pourrons nous y être admis aujourd'hui ? allez-vous me demander. — Sans doute : votre qualité d'étranger vous donne accès au musée, tous les jours de huit à dix heures du matin, et d'une heure à trois après midi. Les habitans n'y sont reçus que le jeudi et le dimanche de chaque semaine, depuis onze heures du matin jusqu'à quatre. On ait cependant une exception en faveur des amateurs et élèves qui désirent étudier ou copier les ouvrages qui composent cette belle collection. Quant à la bibliothèque, c'est précisément aujourd'hui l'un des jours d'ouverture qui sont fixés aux lundi, mercredi, vendredi et samedi de chaque semaine, depuis dix heures jusqu'à trois.

Façade du Musée

Nous venons de traverser les rues des *Suaires* et des *Oyers*, où le voisinage du marché ne nous permettait guères de faire un pas sans être heurtés par les paniers des bonnes femmes de ménage qui se pressent dans ces rues étroites ; nous avons réussi à nous faire jour au travers des charrettes qui encombraient l'entrée de l'établissement que nous allions visiter ; je me dispose enfin à vous faire remarquer la façade moderne qui se présente à nos yeux, et dans laquelle, parmi quelques défauts, on trouve des traces d'un goût pur ; lorsque vous m'interrompez pour manifester votre surprise sur l'état de vétusté dans lequel se trouve déjà ce jeune monument. « Sans parler de cette grille en bois qui n'est plus susceptible de réparations, j'aperçois, dites-vous, des bas reliefs et des ornemens d'architecture qui ne tarderont pas à être complètement dégradés si l'on n'y apporte un prompt remède. — Il paraît qu'on s'en occupe, et l'on dit que très-prochainement nous verrons commencer les travaux nécessaires à la conservation d'un édifice qui, vu le peu de richesses que nous possèdons en ce genre, n'est pas indigne d'attention. »

Après ces observations préliminaires, nous parcourons les corridors et l'escalier où le même défaut d'entretien se fait encore sentir, et nous arrivons à l'étage supérieur où se trouvent les tableaux.

Le Musée des Tableaux.

Les premiers qui se présentent à la vue sont le beau *Crucifix* de Vandick, et le *Vieillard recevant de saint François une hostie*; ces deux chefs-d'œuvre, et le portrait de *Marie de Médicis*, placé plus loin, sont les seuls tableaux que nous ayons de ce célèbre élève du plus grand maître de notre école flamande. A côté des premiers se trouve un Gaspard Crayer, représentant des *Martyrs enterrés vivans :* excellent tableau qui n'a rien à redouter du voisinage de Vandick. *Saint François recevant les Stigmates*, est un des meilleurs ouvrages d'Arnould de Vuez, que nous pouvons presque considérer comme l'un de nos compatriotes, puisqu'il passa la plus grande partie de sa vie à Lille, et qu'il y acquit sa réputation. Les principaux tableaux de ce maître qui se trouvent dans notre musée, sont encore un *Saint Augustin guérissant des malades, saint Bonaventure écrivant devant un Crucifix, saint François prêchant, saint Augustin distribuant des aumônes*, et un *saint Récollet guérissant la jambe d'un jeune homme*. C'est sans doute par erreur qu'on lui attribue aussi, sous le n° 42 du catalogue, *une Vierge*, qui ne présente aucune analogie avec ses autres ouvrages, ni pour le faire, ni pour la couleur. Van-Ost le jeune est encore un peintre de mérite qui appartient à notre ville. Nous avons de lui : *un Carme qui panse la jambe d'un frère de son ordre, la*

Vierge et saint Joseph présentant l'Enfant Jésus, et deux autres tableaux d'un mérite inférieur à ceux-là; mais la place défavorable qui leur a été assignée ne permet guères de les juger. En effet, le peu d'ouverture des deux croisées par lesquels le jour pénètre ici, fait que les extrémités de cette galerie sont seules assez éclairées, et que l'on ne peut bien voir les tableaux placés au centre.

Faisons trève un moment à toute observation critique, car voici des ouvrages de l'immortel Rubens. Tel est l'effet de sa *Descente de Croix*, que non-seulement les connaisseurs s'y arrêtent avec enthousiasme, mais encore la partie du public la plus étrangère aux règles de l'art, attirée par l'harmonie des couleurs et par un caractère de beauté indéfinissable pour elle, ne peut se défendre d'une vive admiration. On a réuni près de ce magnifique tableau, ceux du même maître représentant *la Magdeleine mourante, saint François recevant l'Enfant Jésus des mains de la Vierge; saint François et saint Bonaventure*.

Avant de quitter notre école flamande,

nous devons encore une mention particulière à Vanderburg, dont nous avons deux beaux paysages ; à Jacques Jordaens qui a ici quatre tableaux *représentant des Apôtres* ; et surtout à Versteegh à qui l'on doit cette *Femme lisant à la clarté d'une lampe.* Charmant tableau de genre qui, par son étonnante vérité, arrête indistinctement tous ceux qui viennent visiter ce musée. Voici de plus une marine et trois portraits dont les auteurs sont inconnus, mais qui portent l'empreinte d'un grand talent ; l'*architecte* est particulièrement admiré des connaisseurs.

Occupons-nous maintenant de l'école italienne : nous y trouverons moins de richesses, et cela n'est pas étonnant. Le peu de tableaux que nous possédons de cette école ont été pour la plupart donnés par le gouvernement depuis la formation du Musée. Nous y verrons cependant figurer plus d'un nom justement célèbre. Voici de Raphaël *une Sainte Famille,* qui est un modèle de grâce et de pureté ; *le Martyre de saint George,* excellent tableau de Paul Véronèse; L'*Assomption de la Vierge,* par Piazetta ; une esquisse de Jules-Romain ; deux petits tableaux des Bassans ; un autre d'André Delsarto, qui approche beaucoup du genre de Raphaël ; un superbe paysage de Salvator Rosa, et plusieurs autres productions moins remarquables.

Enfin, nous avons de l'école française, le beau tableau de *Joseph expliquant les songes de l'échanson et du panetier de Pharaon*, par M. Abel de Pujol, de Valenciennes ; l'*annonciation de la Vierge*, par Philippe de Champagne ; un tableau de Charles Delafosse, représentant *Notre-Seigneur donnant les clefs à saint Pierre*; une marine de Claude Vernet ; *des Soldats tirant au sort la robe de Jésus-Christ*, par le Valentin ; *une sainte Thérèse*, de Chemt, *et un Évêque s'opposant à l'exécution d'un martyr*, par un maître inconnu.

Il y avait encore quelques bons tableaux d'Arnould de Vuez qui, n'ayant pu trouver place dans l'intérieur de la salle, languissaient obscurément à la porte; mais ils décorent maintenant l'Eglise de Saint-André, dont nous parlerons à son tour.

La Bibliothèque.

Descendons maintenant d'un étage. Dix heures viennent de sonner, et la bibliothèque doit être ouverte au public. Les vingt mille volumes environ qu'elle renferme sont classés d'après les cinq grandes divisions bibliographiques généralement suivies : Théologie, Jurisprudence, Sciences et Arts, Belles-Lettres et Histoire. Chacune de ces sections est encore subdivisée en autant de parties que l'exigeait le genre auquel elle appartient. Le même système a été observé dans la formation du catalogue, qui offre toutes les facilités désirables pour les recherches que l'on peut avoir à y faire. On a formé en outre deux divisions particulières, l'une pour les ouvrages écrits en langues étrangères, l'autre pour ceux relatifs à l'Histoire du département du Nord et des pays environnans. Enfin, dans un cabinet disposé à cet effet, se trouvent les manuscrits, les gravures précieuses, les éditions du quinzième siècle, les Alde, les Plantin, les Elzévir, etc. Il renferme aussi un exemplaire du grand ouvrage sur l'Égypte, présent que notre Bibliothèque a reçu de la munificence du gouvernement.

Les manuscrits les plus remarquables sont:

1° Une Bible, qu'on croit être celle de la comtesse Jeanne, écrite en 1216. Cette Bible vient de l'ancienne bibliothèque de St. Pierre, où elle était enchaînée comme un livre très-précieux.

2° Quelques heures antiques ornées de miniatures.

3° Un manuscrit qui renferme beaucoup de dessins en belles couleurs et rehaussés en or, ayant pour titre *Chy commenchent les diz moraulx des philosophes, translatés de latin en françoys par noble homme, Monseigneur Guillaume de Tygmonville, conseiller, chambellan du roy notre sire.*

3° Trois volumes écrits sur peau velin, au commencement du 13ᵉ siècle.

4° Les chroniques de Jean Molinet, 3 volumes, de 1474 à 1506. Cet ouvrage, continue les chroniques de Froissart, et finit où commence Enguerrand de Monstrelet.

6.° Un beau manuscrit in-4.°, en langue Toscane.

7.° Un autre en espagnol, et relatif à la rébellion des provinces de la Hollande, dans le 16.ᵉ siècle.

8.° Les statuts de l'ordre de la toison d'or, manuscrit sur peau vélin.

9.° Un in-folio intitulé : *Morale des philosophes*; ce manuscrit est orné de belles peintures dont les couleurs sont très-vives.

10.° Un in-quarto sans titre, renfermant six cens pièces de vers français, de chacune 15 lignes, et commençant toutes par une lettre ornée de quelques hiéroglyphes.

11.° Un in-folio relatif aux troubles arrivés à Arras, en 1578.

12.° Un livre de prières de format in-8.°, très-bien écrit sur peau vélin. Chaque page de ce livre est encadrée de dessins dont les couleurs sont vives.

13.° Un petit in-folio, ayant pour titre : *Quatuor Evangelia*. Ce manuscrit provient de l'abbaye de Cysoing. Il est couvert d'une planche de cuivre, sur laquelle on remarque 40 fleurs de lys relevées en bosse et dorées. Les tableaux qu'il renferme sont bien faits, les couleurs en sont vives et très-bien conservées.

Parmi les éditions de l'origine de l'imprimerie :

1.° Le *speculum humanæ Salvationis*, traduit en Hollandais et imprimé en 1440, à Harlem, par L. Coster.
2.° Une grammaire latine de Jean Janua (1470 à 1475)
3.° Le *Bartholomæus de Casibus conscienciæ*, imprimé en 1474. etc. etc.

Le Collège.

Dans un local attenant aux deux établissemens que nous venons de visiter, se trouve le Collège communal où les jeunes gens reçoivent une bonne instruction dans les diverses classes jusqu'à celle de philosophie inclusivement. Un pensionnat est annexé à ce collège afin de donner aux élèves étrangers à la ville, la facilité d'y suivre leurs études. Le jardin, qui n'est plus qu'une esplanade à l'usage des pensionnaires, était anciennement le jardin des Récollets, qui avait été érigé sur l'emplacement du vieux rempart, après l'incorporation à la ville du faubourg des *Renneaux*.

Le Jardin Botanique.

Près de là nous verrons encore un autre établissement d'une grande utilité pour l'instruction publique : c'est le Jardin Botanique, où se trouvent réunies toutes les plantes exotiques dont la culture est introduite dans le département du Nord. Un cours y est ouvert chaque année pour le développement d'une science dans laquelle se sont illustrés le père et l'ayeul du professeur actuel. Le nom de Lestiboudois était un bel héritage que les possesseurs actuels ne laisseront pas déchoir.

Le Pont Saint-Jacques.

A côté de ce jardin est le pont Saint-Jacques, qui tire sa dénomination d'un ancien hôpital fondé en 1225 par Roger, châtelain de Lille, pour y loger les pélerins. Vers le même endroit se trouvait aussi la porte de Courtray, supprimée en 1621.

L'Hôtel d'Avelin.

Un hôtel situé près de ce pont attire sans doute vos regards. Il est en effet d'une assez belle construction, et se distingue parmi les édifices particuliers de cette ville; mais un autre titre encore peut lui valoir notre attention : c'est là qu'à une époque bien remarquable logea le roi Louis XVIII, chassé pour la seconde fois du palais de ses pères. Arrivé à Lille le 22 mars 1815, avec l'intention d'y attendre les évènemens, ce monarque dût presqu'aussitôt changer de résolution par la crainte des malheurs où sa présence pouvait entraîner la ville, dont la population se montrait entièrement dévouée à sa personne, tandis qu'une nombreuse garnison manisfestait des sentimens tout-à-fait contraires, et attendait à peine le départ de son roi pour arborer les couleurs de la révolte. Dès le lendemain ce prince repartit pour la frontière, malgré l'opposition du peuple de Lille qui essaya de dételer les chevaux de sa voiture et donna tous les témoignages de la plus vive douleur.

L'Ancien Jardin de l'Arc.

A quelques pas de l'Hôtel d'Avelin, se trouvait autrefois le Jardin de l'Arc, situé dans le faubourg de Courtrai, et servant de lieu de réunion aux archers de la confrérie de Saint-Sébastien. En 1582 un parti d'insurgés Flamands, désignés par le peuple sous le nom d'Hurlus, vint pour surprendre la ville de ce côté, (1) au moyen des intelligences qu'il s'était ménagées ; mais à la vue de ces bandits qui avaient répandu l'épouvante dans toute la contrée, les archers quittèrent l'amusement auquel ils se livraient pour se porter au-devant de l'ennemi. Une femme intrépide, Jeanne Maillotte, hôtesse du Jardin de l'Arc, se mit à leur tête et, la hallebarde à la main, combattit vaillamment les Hurlus, tandis que d'autres femmes, animées par son exemple, leur lançaient des cendres dans les yeux et contribuaient ainsi par ce nouveau genre d'attaque à completter leur défaite.

---

(1) le 9 août 1580, ils avaient brûlé l'église d'Hellemmes, et le 10 mai suivant ils avaient échoué dans une autre tentative sur Lille. Quatre bourgeois qui devaient les y faire entrer furent mis à mort en cette occasion par sentence des échevins.

L'Hôtel des Canonniers.

Par un rapprochement assez naturel, ce lieu qui nous rappelle l'héroïne Lilloise, nous conduit précisément à l'Hôtel qui appartient aujourd'hui aux canonniers sédentaires de Lille. Ce corps, dont l'existence date du 2 mai 1483, a rendu en différens temps d'importans services à la ville qui l'a vu former, et aux souverains auxquels elle a appartenu. Il portait alors le titre de compagnie de *Madame Ste-Barbe*, et préserva Lille de plusieurs surprises, notamment en 1578 où il servait six batteries sur nos remparts. Trois ans après, cette compagnie fut employée au siège de Tournai, et en 1583 elle se distingua à Ceux de Dunkerque et d'Oudenarde. Lorsque Louis XIV médita la conquête des Pays-Bas, il fallut de nouveau courir aux armes. En septembre 1645, les maréchaux de Gassion et de Rantzau qui comptaient surprendre Lille dépourvue de garnison, ne rencontrèrent d'obstacle que dans l'intrépidité des canonniers bourgeois, qui s'exposèrent à découvert et sans gabions sur les remparts de la ville, qui n'étaient alors formés que d'une muraille de deux briques d'épaisseur. Malgré ce désavantage considérable, ils firent un feu si terrible, qu'ils forcèrent l'ennemi à abandonner les faubourgs de Saint-Pierre et de la Barre, dont il s'était déjà emparé, et à se retirer en désordre avec le regret d'avoir manqué son entreprise. En 1667, Louis XIV, vint en personne assiéger la ville, et fut plus heureux que ses généraux. Après son entrée, il voulut voir la batterie dite du *Meunier*, servie par les canonniers sédentaires, parce que c'était celle qui avait fait le plus de mal à son armée. Plus tard, les Lillois devenus Français essuyèrent un nouveau siège plus terrible que tous ceux qui l'avaient précédé, et la compagnie de sainte Barbe participa encore à la belle défense, par laquelle le nom de Boufflers fut rendu à jamais célèbre. En 1744, le duc d'Aremberg vint aussi, mais sans succès, attaquer Lille. Nos canonniers furent alors soixante-dix jours sans quitter leurs pièces. Enfin, lors du bombardement de 1792, ils firent éclater une bravoure dont les preuves sont encore sous nos yeux. Ils venaient cependant d'être dépossédés d'une propriété acquise depuis près de trois siécles avec les deniers de la compagnie (1), pour servir de lieu de réunion, soit pour leurs divertissemens, soit pour leurs exercices ; notamment le tir au blanc qui avait lieu tous les dimanches. Quelques années après, le gouvernement fit au corps des canonniers, réorganisé sur un nouveau plan, une réparation aussi éclatante que l'avait été la spoliation, en lui donnant le terrain et les bâtimens provenant de l'ancien couvent des Urbanistes. Une vaste cour y est disposée pour les manœuvres de l'artillerie. On y remarque un mortier autrichien dont la culasse fut crevée par un boulet parti de nos remparts.

---

(1) Cette maison pour l'édification de laquelle, Charles-Quint avait fait don à la compagnie de *Cinquante Florins*, était située près de la Porte de Paris. Celle qui existe actuellement au même endroit porte encore le nom d'Hôtel des Canonniers ; elle est remarquable par la quantité de boulets dont elle a été criblée lors du bombardement, et qu'on a enchassés dans le mur de sa façade

Les Frères de la doctrine chrétienne.

Quittons maintenant nos braves défenseurs, dont les services, depuis trente-quatre ans ont été plus particulièrement consacrés au maintien de l'ordre et de la tranquillité publique dans les circonstances difficiles qui se sont présentées jusqu'après la seconde restauration. Dans la rue des *Urbanistes*, qui touche à leur hôtel, se trouve une maison que rien ne distingue de celles qui l'avoisinent et qui est occupée par les *Frères de la doctrine chrétienne*. Ces instituteurs des pauvres, aussi respectables par la simplicité de leurs mœurs que par le désintéressement qui les caractérise, ont eu bien des obstacles à vaincre, bien des dégoûts à surmonter ; mais leur patience et leur humilité ont triomphé des préventions, et la génération qui s'élève leur devra (surtout dans les classes inférieures), le bienfait d'une éducation solide et appropriée à ses besoins.

Magasin des Hôpitaux Militaires

Si nous remontons vers la *Place aux Bleuets*

qui tire son nom d'une ancienne fondation faite en faveur des orphelins par le vertueux de La Grange, nous remarquerons un édifice public sur la porte duquel on lit : *magasin des Hôpitaux Militaires*, et au travers de ces mots les restes à demi effacés d'une inscription latine. C'est là que furent d'abord établis les orphelins dont je viens de parler. Ils cédèrent la place en 1752 à un hôpital militaire, lequel fut lui-même remplacé en 1767 par un collège-royal qui subsista jusqu'à la révolution. Il sert aujourd'hui de magasin, et peut-être n'est-ce pas la dernière métamorphose qu'il doit subir.

L'ancienne Église des Carmes.—Porte de Gand.

Près de la Porte de Gand (autrefois Porte de la Magdeleine), qui n'a rien de remarquable que les belles fortifications qui la couvrent, on voit les restes d'une ancienne église aujourd'hui complètement déguisée : c'est celle des Carmes déchaussés. On y voyait encore naguères figurer deux bombes dans des niches en la place des deux saints qui décoraient les côtés de la façade ; mais on a depuis peu fait disparaître et les bombes et leurs niches, cette enseigne étant inutile pour faire connaître que l'édifice, autrefois consacré, sert maintenant de magasin pour le matériel de l'artillerie.

Caserne de la Gendarmerie.

En suivant la rue qui porte actuellement le nom de *Rue de Berry* et à l'extrémité de laquelle on aperçoit l'église paroissiale de la Magdeleine, nous passerons près d'un grand et beau bâtiment entièrement neuf, dont une partie sert de Caserne, ou plutôt d'hôtel à la Gendarmerie. L'autre partie renferme les salles à l'usage des conseils de guerre. Le tout a été construit sur le terrain de l'ancien Couvent de saint François de Sales, occupé par des Sœurs qui se chargeaient de l'éducation des jeunes démoiselles. Il y avait aussi dans la même maison des appartemens dans lesquels pouvaient se retirer, moyennant une modique pension, les dames célibataires ou veuves, maltraitées par la fortune.

Le Couvent des Capucines fondé en 1627, était aussi situé dans cette rue; mais il n'en reste plus aucune trace.

L'Eglise de la Magdeleine.

L'Eglise de la Magdeleine, près de laquelle nous nous trouvons, est surmontée d'une coupole élégante qui la distingue entre tous nos édifices religieux. Cette coupole ou dôme est encore couronnée par une sorte de belvédère entouré de vitraux, dans lequel autrefois les marguilliers de la paroisse donnaient chaque année un grand dîner le jour de la karmesse. Il y a quinze ou seize ans, la foudre tomba sur ce belvédère et y commit un dégât assez considérable, l'église entière eût peut-être même été la proie d'un incendie, sans le courageux dévouement de deux jeunes couvreurs qui parvinrent jusqu'au sommet de l'édifice, et en arrachèrent la croix de fer, déjà rougie par le feu. Peu de temps après un télégraphe fut établi en cet endroit; mais la séparation de la Belgique l'ayant rendu inutile, une nouvelle croix en bois doré a remplacé les signaux télégraphiques.

Mais entrons dans cette église, nous y verrons une architecture qui sans être d'un style très-pur, produit néanmoins un bon effet. Elle est ornée de quelques tableaux. Les quatre qui sont placés dans le chœur sont ordinairement cachés par des rideaux, marque certaine du prix qu'on y attache. Cependant j'ai été assez heureux pour les voir à découvert, et je fus séduit au premier abord par un coloris à la fois doux et brillant, et par une harmonie de tons qui fait éprouver un charme dont on ne peut se rendre compte. Diderot à dit : « Il n'y a que les maîtres dans » l'art qui soient bons juges du dessin ; tout » le monde peut juger de la couleur. » Voilà sans doute pourquoi ces quatre tableaux, dans lesquels M. Lens de Bruxelles a représenté différentes circonstances de la vie de Notre-Seigneur Jésus-Christ, plaisent généralement. Cependant, si on les examine avec attention, on finit par reconnaître que ces tons si agréables ne sont pas toujours vrais ; que toutes les figures ont un caractère efféminé qui s'accorde mal avec la sévérité de l'évangile, et que la mollesse des contours nuit souvent à leur pureté. Avec un peu de goût on aperçoit aisément ces défauts ; mais on revient pourtant avec plaisir sur les qualités qui les font oublier. Cette église, qui était autrefois la plus pauvre de la ville, a perdu peu de chose par la révolution. Elle s'embellit maintenant par les soins et la libéralité de quelques personnes qui se plaisent à orner le temple de Dieu et les cérémonies qu'on y pratique en son honneur.

La Caserne de la Magdeleine. — La Manufacture des Tabacs.

Dans la même rue se trouvent la *Caserne dite de la Magdeleine*, occupée par de l'infanterie, et la manufacture royale des tabacs construite sur l'emplacement appartenant autrefois aux Sœurs du Saint-Esprit. Cet établissement important doit son existence au monopole qui est entre les mains du gouvernement. Le département du Nord a souvent réclamé l'ancienne liberté dans une branche de commerce très lucrative. On a beaucoup controversé cette question, et les choses sont jusqu'à présent demeurées dans le même état.

Le Rivage de la Basse Deûle. — Le Pont-Neuf.

Revenons sur nos pas et descendons les

marches du *Pont-Neuf* que, malgré son nom, l'on ne ferait pas trop mal de réparer. Nous voyons se déployer devant nous le bassin de la Basse-Deûle, bordé de deux beaux quais dont l'un est en partie planté de maronniers et de platanes. C'est ici que se déchargent principalement les grains et les charbons de terre qui nous viennent les premiers de l'Artois, les seconds du Hainaut. L'existence de ce bassin est presque aussi ancienne que celle de la ville. On l'a embelli en 1701 par la construction du Pont-Neuf qui est due à l'architecte Deswerquins. Ce pont, établi pour servir de communication entre la paroisse Saint-Pierre et celle de la Magdeleine, se présente sous un très-bel aspect. Il a six arches, dont deux sur le canal et deux de chaque côté pour le passage des piétons et des voitures qui longent le quai.

L'ancien Château de Courtrai.

Suivons le rivage de droite. Il n'existe que depuis la démolition du Château *de Courtrai* qui occupait une grande partie de ce terrain. Cette forteresse fut construite en 1300 par les ordres de Philippe-le-Bel, qui était depuis peu maître de Lille, et n'avait pas lieu de compter beaucoup sur sa nouvelle conquête. En Effet, le gouverneur que ce monarque y avait laissé fut chassé deux ans après, et la ville se retrouva au pouvoir de Jean de Namur, fils du comte de Flandre ; mais en 1304, le roi de France la reprit de nouveau. Ce ne fut qu'en 1577 que le château de *Courtrai* fut démoli par ordre des états-généraux assemblés à Bruxelles, ainsi qu'on l'avait fait de la plupart des citadelles des Pays-Bas, afin d'ôter aux insurgés l'occasion de s'en emparer, et de s'y maintenir. Philippe II ratifia cette mesure un an après, et accorda à la ville le terrain avec les matériaux provenant des démolitions, moyennant certain rachat de rentes dues par le Roi.

Mont-de-Piété.

C'est sur une partie de ce terrain que fut érigée en 1609, la fondation de Barthélémi Masurel, connue sous le nom de Mont-de-Piété. Ce généreux citoyen, par une libéralité dont on voit peu d'exemples, avait consacré toute sa fortune à cet établissement, ne se réservant qu'une modique pension viagère. On y prêtait sur gage, *sans aucun intérêt*, jusqu'à concurrence de cinquante écus. Chaque année on était tenu de renouveller le billet d'engagement, quand on ne pouvait pas retirer le gage. Faute de cette formalité celui-ci était vendu; mais le surplus de l'argent était restitué au propriétaire de l'objet. Cette belle œuvre jouissait en 1772 d'un revenu de six mille florins outre un capital de cent quarante mille florins, lesquels étaient sans cesse dans la circulation pour les besoins des pauvres, et indépendamment de ces ressources, l'établissement empruntait encore souvent pendant l'hiver pour faire face aux gages qui se présentaient. La révolution a détruit cette fondation pour la remplacer par une autre du même nom; mais celle-ci perçoit de forts intérêts et, si on laisse passer le terme fatal, le gage est vendu à cri public; de sorte que cette faculté de se procurer de l'argent est plus souvent une ruine qu'un soulagement pour les artisans qui y ont recours.

Mais rapprochons-nous encore du canal de la Basse-Deûle.

Le Moulin du Château.

L'édifice qui de ce côté termine le bassin, et qui de temps immémorial est destiné à moudre une partie des farines nécessaires à la subsistance des habitans, vient d'être récemment reconstruit à neuf. Il renferme aujourd'hui une machine à vapeur dont l'action, beaucoup plus forte que celle du courant d'eau, doit offrir un avantage journalier indépendamment de celui incontestable de ne point chômer dans les temps de sécheresse.

Après un circuit autour du Moulin du Château, dirigeons-nous vers la rue *de la Monnaie* (autrefois rue St. Pierre) où une foule de souvenirs nous attendent à chaque pas.

Le Moulin de Comtesse.

D'abord à notre droite se trouve un antique Moulin qui appartenait à l'hopital Comtesse et faisait partie des ressources que Jeanne de Constantinople avait affectées à ce bel établissement.

L'Hôtel des Monnaies.

Un peu plus loin et sur la gauche nous voyons un étroit passage qui conduit à l'hôtel des Monnaies. La disposition de cet hôtel est un carré parfait au centre duquel se trouve une belle cour ornée d'arbres et de fleurs. Trois côtés en sont affectés aux logemens et bureaux des directeur et autres officiers attachés à l'établissement. Le quatrième côté se compose d'un double corps de bâtiment exclusivement réservé à la fabrication des espèces d'or et d'argent. Une machine à vapeur y a aussi été placée depuis peu, afin d'apporter un nouveau perfectionnement dans les procédés employés jusqu'à ce jour. Cet hôtel des Monnaies fut érigé en 1685, quoique depuis bien long-temps on battit monnaie à Lille. On ignore positivement l'époque où notre ville commença à jouir de ce privilège; mais on voit par les titres de l'église Saint-Pierre fondée en 1055 qu'il existait dès lors une monnaie de Lille.

L'Hôpital Comtesse.

Presqu'en face de cet hôtel se trouve une entrée peu apparente, surmontée d'une tourelle terminée en flèche. C'est la porte principale de l'Hôpital Comtesse, à qui ce nom fut donné en mémoire de son illustre fondatrice. Entrons-y ; nous apprendrons peut-être de quelle manière on faisait le bien dans les temps *d'ignorance*, et comment s'exerçait la *philantropie* au 13.ᵉ siècle.

L'Hôpital Comtesse, qui est l'un des plus anciens établissemens de cette ville, fut fondé en 1227, sous le nom d'Hôpital de Notre-Dame, par la comtesse Jeanne, fille de Baudouin IX, empereur de Constantinople et comte de Flandres. Cette maison, commencée à Marquette en même temps que l'abbaye du même lieu, était assez avancée, lorsqu'en 1230, la comtesse donna ordre de suspendre les travaux et de transférer l'établissement à Lille. Déjà cette princesse avait fondé l'Hôpital Saint-Sauveur et une *Maladrerie* pour les innombrables lépreux qui venaient de la Terre-Sainte. Son esprit actif et

son âme compatissante, sans cesse occupés à chercher les moyens de soulager les malheureux, la portaient à multiplier ces établissemens utiles; mais celui de Notre-Dame, placé loin des murs de la ville et dans l'intérieur d'un monastère, aurait pu manquer son but : Jeanne se détermina donc, après de solides réflexions, à recevoir les pauvres malades dans l'enceinte de son propre palais, où elle fit construire l'hôpital tel, à peu près, qu'il existe aujourd'hui. On peut voir dans *Miræus* la charte de fondation, qui porte que la comtesse Jeanne : « voulant que cet hô-
» pital fut un azile pour tous les malheureux
» indistinctement, recommande surtout
» que les pauvres malades soient reçus sans
» éprouver de difficultés, et qu'on leur donne
» charitablement tout ce que l'on croira né-
» cessaire pour les soulager. »

Quel plus noble emploi cette princesse pouvait-elle faire de ses biens et de sa puissance ? Est-il beaucoup d'exemples d'une vertu aussi sublime ? C'est au milieu de l'éclat que répandait autour d'elle la prospérité d'un long règne, que la comtesse de Flandres ouvre son palais au malheur ; non à celui causé par des revers de fortune qu'une seule circonstance peut quelquefois réparer ; mais au malheur dont l'aspect répugne le plus, à celui qu'on voit traînant une vie débile, ou luttant contre les angoisses de la mort. Certes on ne peut supposer qu'au point d'élévation où se trouvait Jeanne de Constantinople, chérie de ses sujets, honorée par ses voisins, appuyée même par le roi de France qui ne pouvait s'empêcher d'admirer ses vertus, elle eût songé à cette réciprocité de bienfaits qui fait la base de la morale nouvelle. Un seul motif dirigeait toutes ses actions, et ce motif était puisé dans la piété la plus sincère.

Une chose digne de remarque, c'est que de toute cette antique demeure des comtes de Flandres, bâtie par Baudouin V, et connue sous le nom de *Salle de Lille*, qui s'étendait depuis l'endroit occupé par l'hôpital jusqu'au cimetière Saint-Pierre, où se trouve maintenant une belle filature de coton, on n'a conservé précisément que la partie convertie par Jeanne en un hospice. Le reste, après avoir servi à différens usages, fut vendu aux échevins en 1515 par l'empereur Char=

les V, et démoli plus tard pour être remplacé par des habitations bourgeoises.

La destination de cet établissement, qui fut d'un grand secours aux Français et aux Anglais blessés à la bataille de Fontenoy, le 12 mai 1745, n'a pas laissé pourtant que de subir quelques modifications. Il est maintenant exclusivement réservé aux vieillards infirmes, dits *Vieux-Hommes*, et aux jeunes orphelins appelés *Bleuets*, fondés par M. Delagrange, auxquels on avait joint ceux institués en 1605, par Guillaume de Bailleul, dit *Bapaume*. Dans le renversement de toutes les institutions anciennes, ces diverses fondations, chassées des maisons qu'elles avaient occupées jusqu'à la révolution, furent réunies au retour de l'ordre, dans ce même palais de Jeanne, d'où les malades avaient été bannis. C'est sous ce toit hospitalier que l'enfance et la vieillesse reçoivent aujourd'hui les soins touchans des respectables Sœurs de la Charité, à qui sont confiés plusieurs des principaux établissemens de cette ville. On ne peut contempler sans émotion le zèle de ces saintes filles et le tendre intérêt qu'elles portent aux infortunés dont elles adoucissent le sort, à tel point que la plupart d'entre eux, sur la fin de leur carrière, jouissent de plus d'aisance et de bonheur que pendant tout le cours de leur vie pénible et laborieuse.

Les différens édifices qui composent cet hôpital ont conservé dans leur structure le caractère du temps où il fut fondé. La petite flèche qui surmonte le clocher rappelle l'idée des minarêts dont les Croisés avaient rapporté le goût de l'Orient. La voûte de la chapelle est hardie, et l'on y remarque des ornemens que l'on pourrait supposer provenir encore de l'ancien Palais, si l'on ne savait que l'hôpital Comtesse a été la proie des flammes en 1467, et que tout le mobilier ainsi qu'une bibliothèque très-riche en manuscrits, y ont été entièrement consumés. Le pourtour de cette chapelle, d'ailleurs très-vaste, est orné de plusieurs tableaux d'Arnould de Vuez, dont les deux principaux, représentant *Jésus-Christ instruisant le peuple sur la montagne*, et *les Israélites recueillant la manne dans le désert*, sont des ouvrages d'un grand mérite. L'on remarque aussi dans le réfectoire trois tableaux dont l'exécution se rattache à l'enfance de l'art, mais qui pour l'intérét historique, mériteraient d'être conservés avec soin, puisqu'ils représentent des portraits des deux comtesses Jeanne et Margueritte, que l'on croit faits d'après nature. Malheureusement ils sont dans un tel état de vétusté que, si l'on ne se hâte de les faire restaurer par une main habile, il est à craindre qu'ils ne soient bientôt tout-à-fait perdus.

Ecoles Académiques.

Dans une petite rue voisine de l'hôpital Comtesse et qui porte le même nom, voici une façade neuve faite à un vieil édifice nommée le *Raspule*. L'entrée en est simple et d'assez bon goût. L'intérieur sert aux écoles académiques de dessin et d'architecture pour la tenue des classes ; et les mêmes salles sont employées à l'exposition des tableaux qui a lieu de deux en deux ans. Ces écoles, qui subsistent depuis le 5 février 1755, ont produit de bons élèves, et actuellement encore on peut citer plusieurs jeunes artistes de la plus belle espérance déjà fixés dans la capitale, ou qui s'y occupent du complément de leurs études. Je nommerai parmi ceux-ci (parce que c'est un phénomène digne d'exception), M. César Ducornet qui, né sans bras, est parvenu à dessiner par le moyen des pieds avec une perfection rare. Déjà ce jeune et intéressant élève a obtenu plusieurs médailles, dans les concours de l'académie de Paris, et nos meilleurs maîtres, notamment M. Gérard, se plaisent à le guider dans la noble carrière où, malgré son infirmité, tout lui présage de brillans succès.

Prison dite du Raspute.

Derrière ce local se trouve une maison de détention pour les femmes, dont un quartier, réservé pour une certaine classe de prisonniers, est en quelque sorte la *Sainte-Pélagie* de Lille. On y a vu en différens temps, des journalistes qui avaient outrepassé la mesure de liberté qu'on accorde à la presse ; des auteurs de romans qui avaient spéculé sur les vices du jour en travaillant avec ardeur à la propagation de l'irréligion et de l'immoralité ; des commerçans à petites vues qui n'avaient pas eu l'esprit de manquer pour quelques millions ; de jeunes étourdis experts dans l'art de faire des dettes ; mais novices dans celui d'échapper à leurs créanciers.

D'après une loi de cette année (1826), cet édifice, le précédent et tous ceux qui se trouvent sur le terrain compris entre le quai et les rues *du duc de Bordeaux*, *du Concert et Comtesse*, doivent incessamment être démolis pour faire place au Palais de Justice qui sera édifié au même lieu, et qui réunira les tribunaux de première instance et de commerce, les prisons et tout le cortège ordinaire de la justice. Ce nouveau local était réclamé depuis long-temps par les autorités judiciaires qui n'occupent jusqu'à présent qu'une partie de l'Hôtel de la mairie. Il est à désirer que l'exécution en soit conforme à la dignité d'une grande ville, et vienne ajouter un bel édifice au petit nombre de ceux qu'elle possède.

La Chapelle Saint-Michel.

Parmi les bâtimens dont la destruction prochaine est ainsi officiellement annoncée, on aperçoit encore de ce côté l'ancienne chapelle *saint-Michel* qui était d'abord attenante à l'Hôpital Comtesse et fut transférée en 1518, aux frais de la ville, au lieu où elle se trouve maintenant. Elle a subi depuis lors une autre métamorphose et les caractères hyérogliphiques placés au-dessus de la porte annoncent qu'elle est occupée par une loge de Francs-Maçons.

Le Cloître Saint-Pierre.

Nous approchons de l'emplacement où existait autrefois l'Eglise collégiale de Saint-Pierre, qui joue un rôle si important dans nos annales. Elle dût sa fondation à Baudouin V, surnommé de *Lille*, fils de Baudouin *à la belle barbe.* Ce comte de Flandres qui porta aussi le titre de régent de France pendant la minorité de Philippe I, affectionnait particulièrement le séjour de notre ville, quoiqu'il fut né à Arras (1). Il y fit bâtir le palais de *la*

---

(1) Il naquit à Arras sur la place du Marché, où Baudouin IV avait fait dresser une tente pour que les dames de la ville pussent être témoins de l'accouchement de la comtesse, sur lequel on aurait pu concevoir des doutes, attendu qu'elle était âgée de plus de cinquante ans.

Salle, où il éleva son royal pupille et, plus tard, il forma le projet de cette collégiale qui fut dédié dans l'année 1066, avec une magnificence extraordinaire, en présence du roi de France qui scella les lettres de fondation avec le pommeau de son épée, suivant l'usage de ce temps. Le nombre des chanoines était fixé à quarante, savoir : dix prêtres, dix diacres, dix sous-diacres, et dix acolites. Les biens accordés à ce chapitre consistaient en soixante *Manses* (1) et quelques moulins, de plus un *Courtil* ou jardin à chaque chanoine et le patronnage de saint Etienne, au prévôt qui était chef du chapitre. Le prince ajouta encore à ces dons quelques bienfaits en pâturages et en argent. D'anciens titres font mention d'un revenu de *vingt sols* accordé au chantre sur le domaine des comtes de Flandres et payable en deux termes.

Depuis ce temps on vit s'accroître successivement les privilèges et les richesses du chapitre de Saint-Pierre, et son influence balan-

---

(1) Une manse était une petite habitation avec quelques terres, dont une partie du produit servait à l'entretien des serfs qui les cultivaient.

cer celle des souverains eux-mêmes. En effet, les chanoines étaient seigneurs d'une portion considérable des environs, et même d'une grande partie de la ville, notamment de la paroisse de saint Maurice ; à l'occasion de laquelle il s'éleva pendant le treizième siècle des disputes très vives entre le magistrat et le chapitre qui tous deux prétendaient y exercer leur juridiction. Les choses avaient même été poussées si loin qu'en 1283, les échevins avaient fait publier un ban par lequel il était défendu à tous bourgeois et autres habitans de Lille de passer le pont du Château, et d'avoir communication avec les sujets de saint Pierre. Mais en 1288, le comte Guy de Dampierre mit fin à ces dissensions en conférant la juridiction de la paroisse de saint Maurice au magistrat et en donnant pour indemnité au chapitre la dîme de Wambrechies dont ledit comte venait de faire l'acquisition.

Eglise de Saint Pierre.

De tous les privilèges du chapitre de Saint-Pierre, il ne lui restait guères dans les derniers temps que le droit de collation d'un assez grand nombre de cures ; mais son église n'en était pas moins la première de la ville par son titre et par l'éclat qu'on y donnait aux cérémonies du culte. Outre les chanoines, il y avait cinquante chapelains et vicaires, un grand nombre de musiciens gagés, huit ou dix enfans de chœur, sans compter un bon nombre de boursiers, et trente ou quarante clercs. Il ne restait plus des anciens édifices bâtis par Baudouin V, que la tour. Le reste avait été détruit par les incendies et les sièges que la ville a essuyés à différentes époques ; mais de nouvelles constructions plus solides avaient remplacé les anciennes, et l'Église Saint-Pierre, malgré son irrégularité et le peu d'apparence de son entrée extérieure, était encore l'un des plus beaux monumens du pays. Elle contenait de grandes richesses, de bons tableaux et une magnifique chapelle dédiée à Notre-Dame de la Treille, en l'honneur de laquelle la comtesse Margueritte avait institué en 1269, une procession solennelle qui s'observe encore de nos jours sous une forme différente, après l'octave de la Fête-Dieu. C'est ce qu'on

COSTUME DU TAMBOUR-MAJOR GROTESQUE,

Placé en avant de la 4.me Division du Cortége de la procession de Lille, en 1825 et 1826.

GRAVÉ SUR BOIS, PAR H. PORRET, A LILLE.

appelle communément *Procession de Lille*, dont les réjouissances rétablies en 1825 avec une grande somptuosité ont attiré un nombre considérable d'étrangers.

Revenons à notre Chapelle de Notre-Dame de la Treille. On y admirait le tombeau de Louis de Mâle, dernier comte de Flandres. Autour du mausolée étaient sculptées en bronze les figures des princes et princesses de sa maison. Le chœur de l'église, assez beau par lui-même était décoré des armoiries des seigneurs composant le septième chapitre de la Toison d'Or, tenu dans cette église par Philippe-le-Bon en 1435.

Enfin cette église possédait encore une bibliothèque riche de trois à quatre mille volumes, dont un grand nombre se retrouvent à la Bibliothèque publique appartenant maintenant à la ville.

Les orages révolutionnaires ont frappé de préférence ce monument si riche en souvenirs; il est facile d'en deviner la cause. La destruction a été si complète, que ses ruines dispersées ne s'offrent pas même à nos regards. Voyons au moins par quoi elles ont été remplacées.

La Place du Concert. — Le Marché aux Fruits.

Sous la dénomination de *Place du Concert,* nous voyons un espace irrégulier dont une partie formait anciennement l'enclos appelé Cloître Saint-Pierre, qui a une issue avec un portail dans la rue du même nom, c'est là que se tient chaque matin le marché aux fruits.

La Salle du Concert.

A l'entrée de cette place se trouve un bâtiment sans élévation, construit il y a environ vingt ans. C'est la *Salle du Concert*, qui passe pour l'une des plus belles qu'il y ait en France. Elle est de forme ovale, et les dames y sont assises sur des gradins disposés en amphithéâtre. La décoration en est à la fois riche et élégante. Quant à sa construction, les règles de l'acoustique n'ont peut-être pas été assez bien observées, car en ne faisant s'y aucun angle pour éviter que les sons aillent perdre, on l'a rendue trop sonore, et il en résulte quelquefois un écho qui, non-seulement est désagréable à l'oreille ; mais encore produit de la confusion dans les parties instrumentales. Ce défaut, il est vrai, disparait totalement quand la salle est garnie d'un public nombreux. Il ne reste alors aucun reproche à faire à sa disposition.

Académie royale de Musique.

La grande salle que je viens de décrire est précédée d'un petit sallon avec lequel elle communique. Il y a de plus antichambre, café, salles d'administration et d'accord pour les instrumens. Le tout est occupé chaque jour par les classes de l'académie royale de musique, qui s'y tiennent de midi à deux heures pour le solfége, la vocalisation, le chant et le plainchant ; et depuis dix heures jusqu'à midi pour le piano et les instrumens à vent. Il ne faut pas confondre cette institution avec l'ancienne académie de musique qui existait à Lille avant la révolution et dont M. de Boufflers avait été en quelque sorte le fondateur. L'académie actuelle a été établie en 1816 par M. le comte de Muyssart, maire de Lille. Les cours, bien dirigés dès le principe, s'y sont encore améliorés et MM. Plantade, Chérubini, et Kreutzer, qui, à différentes époques ont visité l'établissement, en ont rendu le compte le plus avantageux. Le succès, maintenant assuré de cette école, a déterminé le gouvernement à l'asseoir sur une base plus solide encore, en l'instituant succursale du conservatoire de musique de Paris, et en allouant une somme annuelle, suffisante pour lui donner tout l'éclat dont elle est susceptible.

Concerts d'Amateurs.

Indépendamment des classes de l'académie qui se tiennent au local du concert et des exercices des élèves qui s'y donnent de temps à autre, il se forme chaque année une société d'amateurs de musique dont les uns sont exécutans et les autres ne sont qu'auditeurs. Un certain nombre d'artistes y sont aussi employés pour renforcer l'orchestre. Cette société, composée de ce qu'il y a de plus distingué dans la ville, a rendu aux concerts de Lille tout leur lustre, soit par les talens de ceux qui la composent, soit en facilitant aux artistes passagers les moyens de se faire entendre et de tirer quelque fruit de leur séjour.

Une des portes de ce local se trouve dans une rue nouvelle, ouverte au public en 1821 et désignée sous le nom de rue du *Duc de Bordeaux*. C'est encore ici une partie du terrain sur lequel était l'église de Saint-Pierre. L'emplacement de la chapelle de Notre-Dame de la Treille se trouve sur l'un des côtés de cette rue et l'on n'y a élevé jusqu'à présent aucune construction. Les Sapeurs-Pompiers de la ville s'y réunissent à certains jours, pour y faire l'exercice de l'infanterie.

Les Sapeurs-Pompiers.

C'est ici le lieu de parler de ce corps qui a rendu de si grands services et qui ne laisse échapper aucune occasion de prouver son dévouement. Avant la révolution il n'existait rien de semblable; les ouvriers publics étaient seulement tenus en cas d'incendie de se porter à l'endroit du danger pour y faire le service des pompes. On voit par une ordonnance des magistrats du 14 décembre 1756, que les pompes à boyaux étaient déposées à l'Hôtel-de-Ville, à l'Hôpital-Général, au Magasin d'effets militaires et chez les Augustins, les Capucins et les Récollets. Cette ordonnance témoigne en outre que tous les religieux de cette ville étaient toujours les premiers à se rendre au feu pour y porter les secours nécessaires.

Le 16 août 1791, il fut créé une compagnie de Gardes-Pompiers qui, un an après sa formation fut de la plus grande utilité pour arrêter les progrès des incendies allumés par les boulets autrichiens. Le 17 mars 1812, ce corps reçut une nouvelle organisation et depuis, il fut encore augmenté, lors de la suppression des compagnies de Sapeurs-Mineurs qui avaient été formées à l'approche des armées étrangères en 1814. Le nom actuel de *Sapeurs-Pompiers* provient de la fusion qui se fit des deux corps. Au reste, on ne peut contester que des hommes, familiarisés par leurs travaux journaliers avec les moyens d'atteindre aux parties les moins accessibles des édifices embrasés ; que ces hommes, parfaitement exercés à la manœuvre des pompes et excités par l'émulation que l'honneur inspire à une réunion de braves gens, ne rendent infiniment plus de services qu'une multitude accourant sans ordre et portant avec elle la confusion. Mais si nos Sapeurs-Pompiers sont dignes des plus grands éloges pour l'intrépidité qu'ils montrent dans toutes les circonstances périlleuses, ils ne sont pas moins remarquables par leur bonne tenue et la régularité de leur uniforme ; aussi font-ils un des plus beaux ornemens de nos cérémonies publiques. Nous ne pouvons nous dispenser de rappeler à l'occasion de ce corps, institué pour nous préserver des incendies, une fort ancienne coutume qui fut confirmée par le Roi Jean en 1344, et qu'on nommait *Privilège des Arsins.* Voici en quoi elle consistait :

« Celui qui avait reçu quelqu'insulte, en
» portait plainte aux échevins ; le prévôt ou un
» de ses délégués, allait sur les lieux où l'in-
» sulte avait été faite, et là s'assurait de la
» vérité de l'accusation, par tous les moyens
» qu'il jugeait convenables. Si le plaignant
» était l'agresseur, ou s'il avait dénaturé les
» faits, il était condamné à payer les frais
» de l'enquête, et on le punissait suivant le
» cas ; mais si l'accusé était trouvé coupable

» les échevins ordonnaient à tous les bour-
» geois de se tenir prêts pour la vengeance.
» Avant tout on mandait l'accusé, pour qu'il
» vînt donner satisfaction de l'insulte, et
» s'il ne comparaissait point, on assemblait
» le peuple, qu'on obligeait sous certaines
» punitions, à suivre les magistrats vers sa
» maison : La marche était ouverte par les
» bannières et les drapeaux de la ville. Lors-
» qu'on était arrivé, on sommait encore
» une fois l'accusé de venir se soumettre, et
» s'il ne répondait pas à cette sommation,
» le Bailli ou le Prévôt, mettait le feu avec
» une torche, donnait un coup de hache
» sur les arbres, et ordonnait ensuite, que
» tout ce qui appartenait à la demeure du
» coupable fut détruit. L'exécution achevée,
» on retournait comme on était venu. Si le
» coupable n'appartenait point à la châtelle-
» nie, alors on le bannissait du territoire de
» Lille. »

III.e JOURNÉE.

Fonderie en Fer.

Nous avons terminé notre seconde journée par les observations recueillies sur les lieux autrefois occupés par l'église de Saint Pierre; nous allons aujourd'hui partir de ce point après avoir visité la fonderie de M. Crucq, dont les travaux ont atteint une perfection très-avantageuse pour les machines nécessaires à l'industrie. Cette fonderie est située à l'angle des rues du *Concert* et du *Duc de Bordeaux*; elle fait partie des édifices qui doivent cèder la place au futur Palais de Justice.

Le Port.

En nous rapprochant du rivage et remontant vers le Pont-Neuf, nous allons contempler le plus beau point de vue de cette ville. Une superbe perspective se présente devant nous. A notre droite de longs bateaux se pressent dans le beau bassin que forme la Deûle. Chacune de ces habitations ambulantes renferme ordinairement toute une famille, et l'on voit de jeunes enfans au teint hâlé, mais aux formes robustes, sortir d'une étroite écoutille, comme des lapins de leur terrier ; tandis que de l'autre côté, des ouvriers, noircis par la poussière du combustible qu'ils transportent, franchissent rapidement la planche flexible qui leur sert de pont, quoique courbés sous le poids de la *razière* qu'ils portent sur la tête. Au travers des arches du Pont-Neuf on voit se déployer le port où abordent toutes les marchandises qui nous arrivent par eau. L'activité qui y règne, la diversité des productions qui, des contrées les plus loitaines viennent se déposer en ce lieu, donnent à cette partie du tableau un aspect animé et qui a quelque chose de maritime.

L'Hôpital-Général.

Au de là des mâtures, par fois très nombreuses, on découvre un édifice imposant, dont la hauteur et l'étendue annoncent une destination importante. C'est l'Hôpital-Général fondé en 1738, et construit sur le modèle d'une architecture noble et régulière; mais l'œil s'arrête avec déplaisir sur la partie non-achevée de cette magnifique demeure des pauvres. La première pierre en fut posée le 26 août 1739, par M. Bidé de la Granville, intendant de la province. Le plan en était vaste et parfaitement ordonné, mais disproportionné avec les moyens d'exécution puisqu'il est demeuré imparfait. Toutefois la portion que l'on pût en réaliser produisit beaucoup de bien, et fut d'un grand secours pour la classe indigente, malgré l'exiguité des ressources de ce bel établissement. En effet, ses revenus ne consistaient d'abord qu'en 30 ou 31 mille florins, provenant de biens fonds, de rentes et des offices de police. Un octroi sur les boissons lui rapportait de plus 36 mille florins, et la ville fournissait chaque semaine un secours qui montait par an à 41 mille 600 florins. Le roi y ajouta plus tard les biens et revenus de trois compagnies bourgeoises, des hôpitaux *Saint-Julien*, des *Grimarêts* et des *Martes*, et nonobstant cette réunion, l'Hôpital-Général pendant les mauvaises années, fut souvent obligé de recourir à des emprunts dont les intérêts venaient grossir ses charges et diminuer l'importance du bien qu'il pouvait faire.

Un nouveau systême d'administration introduit avec le temps a amené à cet égard d'importantes améliorations; on a vu surtout s'opérer depuis peu les changemens les plus favorables. La population de cette maison était l'année dernière d'environ 1500 individus, dont 500 enfans et 1000 vieillards des deux sexes. Elles vient d'être augmentée par la construction d'un nouveau corps de bâtiment qui se lie au plan général de l'édifice, et a favorisé l'admission de cent pauvres qui la sollicitaient avec ardeur. Dans le même temps la commission administrative pourvoyait à d'autres besoins non moins essentiels. La chapelle, projetée autrefois, n'ayant pu être exécutée, le service divin se faisait jusqu'à ce jour dans une galerie qui, construite pour un autre usage, offrait une multitude d'inconvéniens. Les principaux étaient le peu d'espace qui s'y trouvait, vu le nombre des personnes obligées de s'y réunir; l'insalubrité qui en résultait et dont l'excès était tel, que l'officiant, parfois suffoqué par les exhalaisons méphytiques dont il était environné, pouvait à peine se livrer à ses fonctions ; enfin, l'inconvenance du lieu dont l'aspect petit et mesquin ne correspondait nullement à la beauté du reste de l'édifice. Cette année a vu mettre un terme à un état de choses que la nécessité seule avait pu faire tolérer si long-temps. Des travaux considérables exécutés avec succès ont rendu le même emplacement beaucoup plus spacieux, y ont donné à l'air une libre circulation, et ont orné le lieu d'une manière convenable à sa destination.

Tandis qu'on s'occupait d'une amélioration si nécessaire, on trouvait encore moyen d'en introduire une autre dans le régime de la maison. Les pauvres qui l'habitent reçoivent maintenant une nourriture plus abondante, et la qualité de leurs alimens est de plus en plus exempte de tout reproche. Dans les infirmeries surtout, le changement est tel que bien des bourgeois aisés ne sont pas mieux traités et nourris chez eux. Quant aux soins, il suffit de dire que l'enfance et la vieillesse les reçoivent ici des Sœurs de la Charité, aux vertus desquelles nous avons déjà eu occasion de rendre justice. Enfin, pour terminer ce qui a rapport à cet hôpital, je vous dirai qu'il s'y trouve depuis 1806, un tour où les filles-mères peuvent déposer les enfans nouveaux-nés, que la honte ou la misère les forcent d'abandonner; et je vous conduirai voir la pharmacie, dirigée par une des Sœurs, et fournissant chaque jour des médicamens, et non-seulement à tous les établissemens de charité de cette ville, mais encore aux pauvres malades traités à domicile.

La Porte d'Eau de la Basse-Deûle.

Près de cet asyle, où reposent ensemble les deux extrémités de la vie, on trouve la porte de sortie des eaux, au-dehors de laquelle se trouvent les écluses et le canal d'embranchement qui joint la Haute à la Basse-Deûle. C'est vers ce point que se porta la principale attaque des alliés en 1708. Le prince Eugène commandait le siège, et le duc de Marlborough en couvrait les opérations. La tranchée fut ouverte dans la nuit du 22 au 23 août, et la place ne capitula que le 22 octobre, après la plus belle défense dans laquelle le maréchal de Boufflers se couvrit de gloire.

Magasin aux Fourrages.

Sur l'autre rive du canal on voit un bâtiment assez vaste, mais mal entretenu. C'est le Magasin aux Fourrages. Sa situation est très-favorable pour l'abord des bateaux chargés des denrées nécessaires à la nourriture des chevaux de la garnison.

Marché au Charbon.

En traversant le pont de la *Kraene*, situé près du port dont nous avons parlé, on se trouve sur le marché au charbon. C'est là que se déposent en divers tas tous les charbons de bois qui nous arrivent des forêts du Hainaut et des Ardennes.

Marché aux Bêtes.

Une autre partie de la même place, qui est remarquable par son étendue, est séparée de la première par plusieurs rangées de chaînes. On y tient tous les mercredis le marché aux bestiaux pour les bœufs et les vaches seulement. Les moutons se vendent à l'entrée de la rue du *Metz*, qui est voisine de ce marché. Celui aux veaux se tient le jeudi et celui aux porcs le samedi.

Abattoirs.

Suivons cette rue, à l'extrémité de laquelle se présente une belle façade. Les édifices nouvellement construits auxquels elle se rattache, et qui occupent la place de l'ancienne ferme du *Metz*, ont pour objet l'abattage des diverses sortes de bestiaux qui auparavant se faisait dans des tueries particulières et souvent dans le domicile même des bouchers. Les abus graves qui en résultaient, étaient connus depuis long-tems ; mais les moyens d'y remédier n'étaient pas faciles. L'administration actuelle a vaincu les obstacles qui s'opposaient à l'accomplissement du vœu général des habitans, en adjugeant à une compagnie d'actionnaires les travaux de construction des abattoirs publics, moyennant une concession d'octroi pour un certain nombre d'années. De sorte que sans produire d'augmentation sensible sur le prix de la viande, on fait dès à présent jouir le public des avantages attachés à cet établissement.

Magasin du Matériel des Fêtes.

Un corps de bâtiment situé à l'extrémité des abattoirs, a été réservé pour y déposer le matériel des fêtes publiques. C'est là que dorment en paix pendant un an, Phinar, Lydéric et les autres personnages que nous voyons figurer en grande pompe le jour de la procession de Lille.

Caserne de Saint-André.

Non loin de ces nouveaux édifices on trouve la Caserne de Saint-André occupée par la cavalerie. C'est la plus belle de la ville et presque la seule qui soit bien aérée.

Ancienne Eglise de Saint-André.

Près de là, est l'emplacement de l'ancienne Eglise de Saint-André qui a été détruite pendant la révolution. On y voit aujourd'hui quelques habitations particulières et des jardins

Rue Saint-André.

Le principale rue qui y aboutit est belle et très-longue. Avant de la parcourir nous dirons quelques mots d'une fondation encore subsistante en partie, qui se trouve dans la rue princesse, l'une de celles qui coupent transversalement la première.

Le Béguinage.

Cette fondation est connue sous le nom de *Béguinage*. Il s'y trouvait autrefois des religieuses dites *Béguines*, au nombre de douze, établies en 1277 par la comtesse Margueritte. Ce sont maintenant des dames agées, peu favorisées de la fortune, qui y occupent gratuitement chacune un petit appartement séparé et une petite portion de jardin.

La Tour Saint-Pierre.

Revenons à la rue Saint-André. A son extrémité sud se trouve la prison militaire appelée communément Tour Saint-Pierre. D'après les conjectures les plus fondées l'existence de cette tour se rattacherait à l'époque où Lille fut ceinte de ses premières murailles, ou au moins à celle où Baudouin V fonda l'église de Saint-Pierre. On sait qu'alors une muraille flanquée de tours était la seule fortification que l'art sût opposer à l'effort d'une armée ennemie. La porte *Saint-Pierre*, située à l'angle que forment maintenant les rues *Française* et *Saint-André* était, ainsi que toutes les portes de Lille, défendue par quatre de ces tours dont deux formaient une espèce d'avancée et les deux autres étaient contiguës au rempart. Les premières ont été démolies lors de l'agrandissement de 1670; les deux dernières subsistent encore : l'une enclavée dans des habitations particulières, a perdu jusqu'à sa forme; la seconde fait partie de la prison militaire, à laquelle elle a donné son nom, et n'est plus visible que de la cour de cette même prison.

Quartier Général de la Division.

Abstenons-nous de pénétrer dans cette tour qui ne pourrait nous faire éprouver que des sensations pénibles et faisons quelques pas dans la rue française pour y voir l'hôtel précédemment occupé par la Préfecture, depuis la translation du chef-lieu du département du Nord, de Douai à Lille. Il est maintenant assigné pour le quartier général de la 16.ᵉ division militaire et sert de logement au lieutenant général qui la commande. Cet hôtel présente une belle colonnade, précédée d'une cour assez spacieuse. L'entrée en est fermée par une grille.

La Cave Saint Paul.

Nous venons de parcourir la rue *Marais* qui tire probablement son nom des inondations dont ce terrain était anciennement couvert. Remarquez en passant un cabaret qui fait le coin de la rue d'Angleterre et dont l'enseigne est *à la Cave St-Paul*, c'est ici que se trouvaient au quinzième siècle, les celliers du comte de St-Pol, qui fut connétable de France et dont l'illustre famille s'est alliée au sang royal.

Ancien Collège de Saint-Pierre.

Il existe encore dans cette même rue d'Angleterre, une maison qui servait autrefois au collège de saint-Pierre et où l'on prétend que saint Thomas de Cantorbéry a logé vers l'année 1166.

Le Pont de Roubaix.

Engageons-nous maintenant dans les petites rues qui se présentent devant nous et qui appartiennent au quartier le plus ancien de cette ville. Nous allons y rencontrer un pont étroit nommé *Pont de Roubaix*, à cause d'un hôtel voisin avec lequel il communiquait et qui avait été donné par la ville en 1432 à Jean, seigneur de Roubaix, moyennant 8 sols 6 deniers d'arrentement, pour raison des éminens services rendus par ledit Seigneur.

Appuyons-nous un moment sur le parapet de ce pont et livrons-nous à la magie des souvenirs qui semblent accumulés sur ce lieu. En face de nous, quelques maisons baignées par la Deûle nous retracent la cité naissante dont elles furent le berceau. Derrière elles, existe encore cette motte du chatelain, sur le sommet de laquelle fut bâti le Château du *Buc*, dont les historiens attribuent la fondation à Jules-César, et qui fut long-temps habité par Lydéric, à qui ils attribuent celle de Lille.

Il ne reste plus aucune trace de cette antique demeure du premier forestier de Flandres ; mais au-dessus des habitations qui entourent les fossés dont elle était ceinte, on voit encore s'élever le clocher de l'Hôpital-Comtesse et l'on oublie aussitôt Lydéric et Jules-César pour ne songer qu'à Jeanne de Constantinople. Le génie de cette princesse semble planer autour de cette flêche élégante et sourire à l'aspect florissant d'une ville dont elle fut la bienfaitrice, plutôt que la souveraine.

Ici, mille objets divers, mille contrastes singuliers font naître des impressions dont on ne saurait se rendre compte. La fraîcheur qu'entretient une onde paisible, le frémissement des arbres de quelques jardins situés sur ses rives ; le vieux saule dont les branches flexibles retombent tristement jusqu'à la surface des eaux ; les cygnes qui se promènent majestueusement avec leur naissante famille sur ce canal qui depuis un temps immémorial est de leur domaine (1) ; le bruit

---

(1) Le nombre de ces oiseaux, qui font le plus bel ornement des canaux intérieurs de cette ville, paraît diminuer depuis quelques années. Autrefois on

sourd des manufactures qui a succédé au silence des cloîtres (1); les coups redoublés du batteur de fil que l'écho prolonge et multiplie; le passage continuel des gens qui se pressent et se heurtent sur ce pont si étroit.....
Ce dernier article, il est vrai, n'est pas son beau côté; mais le plan général de Lille nous apprend qu'il doit un jour être élargi afin de donner passage aux voitures. En attendant prenons patience.

La Cour Gilson.

Au débouché de ce pont on en trouve un autre qui conduit à la Cour *Gilson*. C'est ici que nous sommes vraiment dans *l'Isle*, et l'on pourrait croire à la vétusté de quelques maisons qui s'y trouvent, qu'elles ont servi de demeure aux premiers habitans qui vinrent s'établir en cet endroit du temps de Lydéric premier.

---

prenait les soins les plus minutieux pour leur conservation et surtout pour garantir leurs couvées de la malveillance qui aurait pu chercher à les détruire.

(1) Le couvent des Sœurs-Grises était situé à l'une des extrémités de ce pont.

Bains du Cirque.

Dans un des coins de cette cour est l'entrée des bains publics qui ont retenu le nom du *Cirque*, dont ils ont fait partie pendant quelques années.

Douanes Royales.

Qu'est-ce que le *Cirque*? demanderez-vous. Traversons une grande porte qui nous conduit à une autre cour encombrée de lourdes voitures, de pièces de toile et de ballots de marchandises. En face de nous est un monticule couvert de verdure, dont le sommet forme une belle rotonde et les flancs une espèce de labyrinthe. A notre droite se trouve un édifice d'architecture agréable dont la partie inférieure est maintenant convertie en bureaux. A gauche est une sortie qui, par le moyen d'un pont, communique à la rue de la Monnaie, à peu près vers l'endroit où je crois qu'existait anciennement le pont dit du *Castiel*. Hé bien! tout cela est ou a été le Château du *Buc*, la motte du *Chatelain*, la Motte *Madame*, le monastère des Dominicains, une maison de plaisance appelée le *Cirque*, une salle de spectacle, une auberge et enfin le bureau principal des Douanes royales qui s'y trouve présentement établi. Il faut avouer que peu d'endroits dans Lille ont subi autant de métamorphoses.

Ce dernier édifice a une autre façade vers la rue du *Cirque* qui produirait assez d'effet si elle n'était masqué en partie par des corps de bâtimens avancés. C'est aussi de ce côté qu'existait l'ancien portail des dominicains qui était décoré de trois ordres, l'Ionique, le Corinthien et le Composite, avec des colonnes engagées à moitié. C'était un des plus beaux morceaux d'architecture de la ville. Leur église était aussi fort belle et ornée d'un grand nombre de bons tableaux. Une partie de ce terrain avait appartenu précédemment, à l'ancien hôpital des *Grimaretz* fondé en 1343.

Débris Saint-Etienne.

En continuant notre route dans la direction que nous avons prise, nous arrivons à un passage appelé *débris Saint-Etienne*, parce qu'en effet il se trouve sur le lieu occupé autrefois par l'Eglise paroissiale de ce nom. C'était à ce qu'on croit la plus ancienne de la ville; il n'en reste plus que deux vilaines entrées, qui pourraient donner de cette Eglise une fort mauvaise idée à ceux qui n'ont pas vu l'ancien portail situé à l'entrée de la rue *Esquermoise*. Elle était pourtant vaste et d'un assez beau gothique. La perte de cet édifice fut occasionnée par les évènemens de la guerre, en 1792. Dès la première nuit du bombardement, le feu se manifesta avec une violence sans égale dans la tour de Saint-Etienne. Les flammes dévorantes pénètrent dans l'Eglise; la charpente s'embrase, les murs s'ouvrent de toutes parts; le clocher s'écroule avec un fracas qui porte l'épouvante dans l'âme des habitans. Ceux des maisons voisines se croient au moment de voir leurs propriétés englouties dans ce gouffre horrible; mais au tumulte de l'incendie succède le calme de la destruction. La cendre encore fumante est le seul indice du désastre. Bientôt les décombres disparaissent, une rue nouvelle, des jardins, des habitations, achèvent de faire oublier et le monument qu'ils ont remplacé et le malheur qui en a causé la ruine.

La Grand'Place.

Nous arrivons enfin sur la Place d'Armes ou *Grand'Place*; elle forme un quarré long de 420 pieds sur 220 de largeur. Trois côtés seulement sont coupés à angle droit; le quatrième décrit une ligne convexe qui va joindre d'un bout l'entrée de la rue *Esquermoise*, et de l'autre le *Marché aux Fleurs*, où les jardiniers-fleuristes viennent étaler les produits de leurs jardins.

Anciennement, cette même place que l'on nommait alors *place du marché*, comprenait aussi la *Petite-Place* où se trouve maintenant la salle des spectacles; de sorte que la première avait une étendue à-peu-près double de celle qu'elle a aujourd'hui; mais le milieu en était obstrué par un certain nombre de masures en bois et d'échoppes occupées par des savetiers, fripiers et autres marchands de vieilleries.

La Fontaine au Change.

On y trouvait aussi la *fontaine au change*, célèbre dans nos annales par une anecdote qui nous a valu un sobriquet dont nos ancêtres s'honorèrent long-tems ; mais qui a bien changé de signification aujourd'hui. En 1431, Philippe le bon donnant un festin aux Seigneurs de sa cour dans le palais qu'il venait de faire bâtir, les magistrats firent faire un pâté troué en dessous et posé sur une table également trouée ; lorsqu'on ôta le dessus, il en sortit douze valets de ville, habillés en *sots*, (ce mot était alors synonyme de fou, gai, jovial ; et le peuple ne l'emploie encore le plus souvent que dans cette acception) lesquels par leurs gestes ridicules surprirent et divertirent le prince et toute l'assemblée. Le lendemain, ce prince étant à se promener sur la Grand'Place, vit sortir ces mêmes valets de ville de la fontaine au change, d'où sortant et rentrant successivement par le moyen d'une machine cachée, on paraissait les puiser. Le prince dit alors, en riant de tout son cœur : *Voilà mes sots de Lille* ; de là est venu le surnom que les lillois ont conservé long-tems (1).

---

(1) Il y eut toujours, depuis cette époque jusqu'au

La Bourse.

Vers le milieu du dix-septième siècle, la ville ayant dû faire de fortes dépenses pour loger les troupes espagnoles que les évènemens de la guerre obligeaient d'y tenir en garnison, obtint par forme de compensation la permission de vendre un nombre de propriétés parmi lesquelles se trouvaient une choque de maisons situées comme nous l'avons dit au milieu de la grand'place. L'acquéreur les ayant fait démolir « à dessein, » dit une ordonnance de Philippe roi d'Espa- » gne, d'y faire bâtir quantité d'autres ; et » ce fond rendu ouvert, serait été meu et » discouru parmi tout le peuple, qu'il im- » portait grandement pour l'embellissement » et ornement d'icelle ville, que ladite pla- » ce demeurât ouverte et applanie. » Mais d'autres personnes ouvrirent l'avis qu'il fut établi en ce lieu une bourse de commerce à

---

moment de la révolution, dans les fêtes publiques un ou plusieurs hommes parés des grelots de la folie précédant les autorités qui assistaient aux cérémonies et divertissant le peuple par leur marche et leurs attitudes grotesques.

l'usage des négocians, et le Roi prenant en considération cette dernière proposition, ordonna que cette bourse fut bâtie à l'endroit où était la fontaine au change, que ladite fontaine serait placée ailleurs et que *chaque maison bâtie autour de la bourse payerait de redevance au Souverain, deux chapons par an.*

Ces lettres-patentes sont du 7 juin 1651. On commença dans la même année à les mettre à exécution, et le local que nous voyons aujourd'hui fut achevé en 1652.

Il n'a presqu'aucune apparence à l'extérieur à cause des maisons qui l'entourent et qui conservent comme presque toutes celles de la grande et de la petite place, des ornemens dans le goût de l'architecture Arabe que les Espagnols avaient importé dans les Pays-Bas; mais l'intérieur forme un quarré régulier autour duquel règne une galerie couverte, soutenue par un rang de colonnes en pierres de taille très-dures, dites *pierres bleues.* Cet édifice avait quatre entrées et une partie de la galerie était louée à des marchands d'estampes et à des merciers, tandis qu'une autre servait de local pour les ventes de meubles à cri public ; mais le commerce ayant réclamé la jouissance entière de la bourse on en a expulsé tous les locataires, et on ne l'ouvre maintenant que de midi à une heure et demie. On a supprimé aussi à la même époque, deux entrées pour ne laisser subsister que celles donnant sur la grand'-place et la place du théâtre. Près de cette dernière, on a érigé à la seconde restauration, une statue en pied de S. M. Louis XVIII modelée par feu Cadet de Beaupré, professeur de dessin et de plastique à l'école académique de cette ville.

Commerce;

Si nous entrons à la bourse à l'heure où s'y rassemblent les négocians, gardons-nous de juger par leur petit nombre de l'étendue du commerce de Lille. En effet, il s'y réunit rarement au delà de 80 à 100 personnes. En voici la raison : Les principales branches de notre commerce tiennent à l'industrie manufacturière, et peu de fabricans viennent à la bourse, parce que la nature de leurs affaires n'exige pas (pour la plupart au moins), qu'ils se dérangent. Ils ont d'ailleurs de fréquentes visites des agens de change et des courtiers de commerce par le ministère desquels se traitent presque toutes leurs opérations. La bourse se compose donc principalement des banquiers, des spéculateurs en marchandises et des personnes qui font valoir leurs capitaux sur la place. Il s'y trouve aussi des manufacturiers, mais ce sont en grande partie ceux qui joignent à leur industrie quelqu'une des branches qui précèdent.

Au total voici à-peu-près en quoi consiste le commerce de Lille.

Les environs de cette ville produisent abondamment les graines oléagineuses, particulièrement le colza et le pavot blanc qu'on appelle *œillette*. L'huile extraite de la première s'expédie pour la capitale et les principales villes de France où on l'emploie à l'éclairage. La Suisse et l'Allemagne en tiraient aussi beaucoup de ce pays ; mais maintenant que la culture des graines grasses s'est introduite dans l'Alsace où auparavant elle était inconnue, ces deux débouchés nous sont en quelque sorte fermés. L'huile d'œillette en a acquis au contraire de nouveaux ; et il s'en expédie chaque année pour Marseille et le levant une quantité considérable. Pendant longtems, on n'a employé pour ce liquide d'autres moyens de fabrication que les moulins à vent ou tordoirs. Le nombre de ces usines à l'entour de Lille, est immense, particulièrement du côté de la porte de Paris. Le faubourg de ce nom fait circuler par cette spéculation, plus d'un million annuellement. Mais depuis quelques années, l'introduction des machines à vapeur avec presses hydrauliques, a fait participer les habitans de la ville à cette fabrication, qui était autrefois exclusivement entre les mains de ceux du faubourg.

On fait encore, mais moins en grand, le commerce des lins qui se recueillent dans l'arrondissement. Dans les campagnes environnantes, les longues soirées d'hiver sont employées à filer ce lin. Des courtiers, qu'on nomme *musquiniers*, l'achètent des fileuses, qui le leur livrent roulé sur des bobines. Distribués en écheveaux par les musquiniers, les fils encore bruts, c'est-à-dire ni blanchis ni retors, mais seulement filés depuis la plus grosse espèce jusqu'à la plus déliée, sont apportés au marché de la ville. Les filtiers s'en approvisionnent et donnent dans leurs ateliers les préparations convenables aux fils qui doivent rester bis, à ceux qui sont destinés à la teinture et à ceux que l'on blanchit. Dans ces différentes classes on fait des fils retors à deux ou trois brins. On distingue entre les fils blancs environ trois cents grosseurs différentes, depuis le fil le plus fort jusqu'au plus délié, qui est celui dont on se sert pour raccommoder la dentelle : sa finesse surpasse de beaucoup encore celle du fil qu'on emploie à la fabrication de cette marchandise.

Cette branche importante du commerce de Lille y est connue depuis très-long-temps. Elle donne lieu à des expéditions considérables qui se font pour l'intérieur de la France, le midi et l'Espagne et peut encore acquérir de plus grands développemens par l'emploi qui commence à se faire des machines à filer le lin.

La dentelle occupait autrefois près d'un tiers de la population *femelle* de cette ville, qui disputait à Valenciennes et à Malines l'avantage de fournir cette portion essentielle de la parure à une grande partie de l'Europe. La réduction du prix de la main d'œuvre, occasionnée par la concurrence de l'industrie anglaise, qui a donné un grand essor à ses tulles de coton, a extrêmement diminué le nombre des dentelières. Une multitude de femmes sont maintenant employées dans les filatures où elles gagnent de meilleures journées, et beaucoup d'autres ont appris à broder le tulle qui sort de plusieurs fabriques montées en grande partie par des anglais que nos compatriotes ont eu le bon esprit d'attirer ici afin de ne pas laisser sortir de notre ville les bénéfices d'une innovation dont elle aurait supporté toute la perte.

Mais la partie de notre industrie qui a reçu depuis vingt ans l'accroissement le plus remarquable, c'est la filature du coton. On compte maintenant dans Lille plus de cent cinquante manufactures de ce genre, dont quelques-unes emploient jusqu'à trois cents ouvriers, et chaque jour il s'en établit de nouvelles. Roubaix, Tourcoing, St.-Quentin, Rheims, Paris, Rouen, Lyon et Tarare sont les principales places sur lesquelles s'expédient les produits de ces fabriques, et il en résulte un mouvement de capitaux extrêmement favorable à la prospérité de ce pays.

Outre ces grandes catégories industrielles, Lille fournit encore à la consommation des provinces voisines, des indiennes, calicots, toiles peintes, toiles à matelas, coutils damassés, draps de presque toutes les qualités, pinchinats, serges, ratines, velours, moquettes, chapeaux, passementerie, bonneterie, mercerie etc. Il s'y trouve aussi des fabriques de cardes, des ateliers de construction pour les mécaniques et des rafineries de sucre. Quant aux épiceries et autres denrées exotiques que nous tirons en grande partie de Dunkerque au moyen des canaux qui en facilitent le transport, notre ville est en quelque sorte l'entrepôt où viennent s'approvisionner les trois quarts du département du nord et une partie de celui du Pas-de-Calais.

Je ne pousserai pas plus loin cette prolixe

nomenclature ; il suffira de dire que Lille est en rapport avec toutes les contrées de l'Europe, soit pour les productions son territoire, soit pour les résultats de son industrie.

Foire.

La place sur laquelle nous nous trouvons est aussi celle où se tient la Foire annuelle qui commence le 29 août et dure neuf jours. On y vend toutes sortes de marchandises ; mais celles de luxe y occupent la meilleure place. Les baladins construisent leurs baraques sur l'une des places du Théâtre, de Saint-Martin ou de la Mairie.

La plupart des historiens ont attribué l'établissement de cette foire à Philippe-le-Bel ; mais c'est une erreur. Les lettres de ce prince, datées du mois de juin 1296, ne font mention que du sauf-conduit qu'il accordait pour tout le tems de la franche foire, plus huit jours avant et huit jours après, à tous bourgeois, *forains* ou *manans*, sans qu'ils puissent être inquiétés ou repris pour dettes, méfaits, ni délits d'aucune espèce, et cette extension donnée à une franchise déjà subsistante prouve que l'origine de la foire de Lille est plus ancienne que ne l'ont pensé tous les auteurs qui en ont parlé jusqu'à ce jour. C'est ainsi qu'ils avancent que le roi Jean confirma la ville de Lille dans ce privilège en reconnaissance des sommes prêtées par elle pour l'aider à sortir de sa prison. Il est bien vrai que les Lillois fournirent une somme considérable pour contribuer à la rançon du roi, et qu'ils donnèrent même des otages ; mais cette rançon fut payée en 1360 et les lettres de confirmation de privilège sont du mois de mai 1355. Ce fait n'a pas besoin d'autre explication.

C'est encore sur cette même place que les troupes de la garnison font ordinairement la parade le dimanche, et que se font les principales cérémonies publiques. Il serait assez curieux de retracer tout ce qui s'y est passé depuis un demi-siècle ; mais c'est un tableau historique trop étendu pour notre cadre.

IV.ᵉ JOURNÉE.

Corps-de-Garde de la Place.

Nous nous sommes arrêtés sur la Grand' Place avant d'avoir épuisé toutes les remarques auxquelles elle pouvait donner lieu. Reprenons aujourd'hui notre examen et commençons par le Corps-de-Garde, élevé à la hauteur d'un premier étage, et auquel on monte par une double rampe garnie en fer. C'est ici le poste d'honneur de la garnison. Sa construction date de 1717. Ce qu'il offre maintenant de plus remarquable est un cadran nocturne appelé *nyctorloge*, qui, au moyen d'un fanal placé dans l'intérieur, indique l'heure d'une manière fort ingénieuse pendant toute la nuit.

Les Boucheries.

Au-dessous de ce corps-de-garde sont deux passages voûtés qui conduisent à un terrain assez vaste, dont une partie seulement est occupée par des boutiques de bouchers. La façade qui se trouve du côté de la rue St.-Nicolas ne présente pour ainsi dire que des ruines ; aussi est-il question depuis quelque temps, d'un projet qui rendra ce local beaucoup plus convenable à son usage.

Rue Neuve.

La *Rue Neuve*, située près de ce corps-de-garde, n'offrirait d'autre particularité que la cuisine renommée de l'Hôtel du *Nouveau-Monde*, si l'on ne se rappelait que cette rue fut ouverte en 1535, sur le terrain occupée précédemment par la maison dite de l'*Épinette ;* or, ce nom se rattache à une institution très-ancienne, qui répandit jadis un grand lustre sur ce pays : c'est celle des rois de l'Épinette. On est assez incertain sur le temps où elle commença. Quelques auteurs l'attribuent à saint Louis ; mais la plus ancienne liste que l'on ait des rois de l'Épinette ne remonte qu'en 1283, treize ans après la mort de ce saint roi. Au reste, voici ce que l'on a pu recueillir des manuscrits qui nous ont transmis les détails de ces fêtes.

Rois de L'Épinette.

Celui qui était créé roi de l'Épinette, portait ce titre toute l'année, on l'appelait également *Sire de joie*, parce qu'effectivement c'était de lui que l'on attendait les plaisirs dont on devait jouir à Lille. Le roi qui devait abdiquer la royauté, invitait chez lui, le dimanche qui précédait le jour des Cendres, les principaux habitans de la ville, et ceux qui avaient autrefois été honorés de la dignité royale. Le mardi suivant, on faisait l'élection d'un nouveau roi, que l'on conduisait sur la place, où un hérault d'armes lui présentait une branche d'épine. Le nouveau roi était reconduit chez lui avec pompe, et le lendemain on réglait tout ce qui avait rapport aux joûtes que l'on devait faire. Le vendredi, le roi allait à Templemars pour demander à saint George un heureux règne, et dans ces différentes courses, il était accompagné de femmes vêtues en amazones, de chevaliers et d'une foule innombrable de peuple. Enfin, le dimanche commençaient les joûtes : ces combats étaient souvent dangereux, car ce fut dans une de ces occasions, que le fils de Jean, seigneur de Crouy et de Renty, âgé de quinze ans seulement, renversa de cheval et tua d'un coup de lance, un gentilhomme français, nommé Polard, et que l'on appelait *le grand diable*, à cause de sa force et de sa taille extraordinaire. Celui qui était vainqueur dans ces sortes de combats, recevait des mains des dames un épervier d'or, on le portait en triomphe à l'hôtel de ville, et *les quatre plus belles demoiselles le tenaient par quatre rubans d'or;* telle est la manière dont fut escorté, en 1435, Jacques Grébert, de Valenciennes, qui remporta le prix des joûtes. Les magistrats de la ville lui donnèrent un grand repas, ainsi qu'il était d'usage dans ces sortes de circonstances.

Le roi de l'épinette se présentait aux joûtes à cheval et armé. Il était couvert d'un *surtout* de satin blanc, *son cheval était armé et houssé de même jusqu'à terre, ayant des houppes, sonnettes dorées, morillon doré, bien emplumassés: ses gros varlets le suivaient accoutrés aussi de jupons de soie verte* (1).

─────────────
(1) Ce fut ainsi que parut dans les lices Thomas Arthus, roi de l'Epinette, en 1358.

Les premiers jours de la fête, le roi était simple spectateur des joûtes, mais les quatre derniers, il se trouvait dans les lices avec le victorieux, pour combattre à *tous venans*. Des troupes de joûteurs accouraient des villes voisines à ces jeux, leurs habillemens étaient bizarres, les uns venaient vêtus en moines blancs, d'autres en esclaves, ou en *chevaliers errans, sans bannières et cherchans aventures*. Le roi de l'épinette allait au-devant de toutes ces compagnies en habits singuliers ou extraordinaires. L'entrée des joûteurs la plus célèbre, est celle qui se fit en 1438, par les habitans de Valenciennes, il suffit d'en rapporter quelques traits, pour donner une idée de toutes les autres.

Vingt-quatre joûteurs de Valenciennes parurent à Lille, habillés en hommes sauvages, leurs chevaux étaient couverts de peaux de bêtes étrangères ou de plumes d'oiseaux, leurs massues et leurs écus étaient environnés de roseaux. Des trompettes et un hérault d'armes vêtus d'une peau d'ours, précédaient ce cortège brillant pour ce tems-là, car on n'avait encore ni assez de goût, ni assez d'art, pour savoir embellir ces sortes de fêtes. Au milieu des joûteurs était un chariot, où il y avait une ville avec sept demoiselles, *portant leurs armes et banneroles, et au bout était Jeanne Grebert, portant la bannière de Valenciennes; chose fort étrange et belle à voir*, ajoute l'historien.

Le roi de l'épinette sortit de la ville avec *nombreuse compagnie à cheval et à pied*, pour aller au devant des joûteurs de Valenciennes. Son cheval était couvert de plumes de cygne, de paon, et de miroirs; ses pages et ses laquais étaient aussi habillés avec des plumes d'oiseaux : ces deux troupes se joignirent hors des portes, et rentrèrent dans la ville au bruit des instrumens. Les autres villes cherchaient à imiter ce faste ridicule, et à se surpasser dans ces sortes d'occasions.

Les ducs de Bourgogne honorèrent souvent les joûtes de leur présence : il y avait alors une certaine quantité de chevaliers qui rompaient des lances, au nom *du prince et des dames*, contre le roi de l'épinette. On avait soin de dresser sur le marché, qui était alors dépavé et sablé, de grands *échafauds*, pour les demoiselles qui étaient là en grande parure. Des bals et des festins terminaient toujours les combats, *et là recevaient de grands éloges ceux qui avaient fait preuve de leur valeur, en présence des dames.*

Pour le cérémonial qui regardait la fête de l'épinette et *l'affaire qui touchait les battémens*, il y avait un hérault, qui ne pouvait exercer aucun art mécanique, et qui jouissait de quelques privilèges, comme d'être exempt de guet, et de commander en tems de guerre les nobles privilégiés, quand par nécessité ils étaient obligés de monter la garde.

Les arbalêtriers de la ville étaient chargés d'empêcher que l'on ne troublât les joûteurs.

Les gratifications que la ville accordait aux rois de l'épinette, suffirent pendant quelque tems pour soutenir cette prétendue dignité : mais la fête étant devenue plus célèbre, il fallut en augmenter le faste : alors, quelques habitans refusèrent d'être choisis *roi de l'épinette*. Un nommé Oostende, préféra la prison aux dépenses qu'entraînait cet honneur.

Ce fut dans ces circonstances, que Philippe le Bon permit aux magistrats de lever quelques impôts sur les draps, le poisson, etc. afin de pouvoir donner à ceux qui seraient choisis rois de l'épinette, onze cents livres, et cent livres aux joûteurs. La ville joignait encore à cette somme un muid de vin de présent. Les souverains furent pendant quelque temps si jaloux de conserver la fête de l'épinette, que l'on accorda la noblesse à ceux qui en étaient rois : Philippe le Bon ordonna que s'ils étaient échevins, ils prendraient place auprès du Mayeur.

Les dépenses qu'occasionnaient à la ville et aux particuliers, la fête de l'épinette, l'indécence qu'il y avait peut-être de voir des bals, des réjouissances dans les deux premières semaines de carême, mais plus que tout cela, le goût du siècle, qui changea et se tourna vers d'autres objets, obligèrent le duc de Bourgogne à suspendre cette fête, pendant l'espace de cinq ans. (1) Elle se rétablit en partie jusqu'à Charles V, qui en défendit l'exercice tandis qu'il fût sur le trône, et elle fut enfin tout-à-fait supprimée

---

(1) Depuis 1470 jusqu'en 1475.

par Philippe II, en 1556. Aux rois de l'épinette, succédèrent *les princes des fols, les princes d'amour, les princes du puis.* (1) Mais ces différentes institutions durèrent peu, quoiqu'elles fussent plus douces que les joûtes et les combats.

Les rois de l'épinette allaient tous les ans aux dominicains, honorer la *sainte épine.* Ils logeaient dans le couvent depuis le mercredi saint, jusqu'au mardi suivant, et accompagnés de toute leur cour, ils y entendaient le sermon sur la passion.

Place de la Mairie.

Une rue assez large, nommée improprement *Place de la Mairie*, conduit de la grand'-place à l'hôtel de ville. D'ici l'on découvre une partie de la façade de ce dernier, qui se présente d'abord sous un fort bel aspect, et n'offre plus à mesure qu'il se développe, que les contrastes les plus singuliers. D'abord

---

(1) Celui qui récitait le meilleur morceau de poésie en l'honneur de l'*Immaculée Conception*, était appelé prince du Puis, et recevait un présent du chapitre de Saint-Pierre.

c'est un bâtiment élevé, d'une coupe régulière, orné de pilastres enchassés et d'un beau fronton. Cette partie est l'aîle gauche de l'édifice, et a remplacé l'ancienne aîle brûlée en 1700. A côté de cette construction moderne est la partie du milieu où se trouve une porte assez basse et sans ornemens, qui est celle de cet ancien palais des ducs de Bourgogne, bâti en 1407 par Jean l'Intrépide, suivant les uns, ou en 1430 par Philippe-le-Bon si l'on en croit Thiroux. L'aîle droite présente un portail d'un genre différent, au-dessus duquel se trouve un groupe de figures dont on a peine à reconnaître la forme. C'est ici l'entrée du Tribunal de Commerce. Avant d'y pénétrer visitons rapidement la Maison d'arrêt qui est contiguë, et qui a retenu son nom de *Petit-Hôtel*, d'une auberge qui existait autrefois au même lieu sous cette enseigne. Après avoir passé les guichets et entendu derrière nous le bruit des verroux et des clefs, nous entrons dans une petite chambre contiguë à la cuisine du concierge. C'est là le seul point de réunion des prisonniers quand le mauvais temps les empêche de se tenir dans la cour. Une partie d'entr'eux seulement peuvent être assis dans ce petit espace, et ce sont ceux qui travaillent. Quand le temps le permet ils vont s'installer dans la cour, qui n'est elle-même qu'une allée étroite et manquant d'air. Les chambres où ils couchent ont reçu depuis deux ans quelques améliorations sensibles, et sont maintenant moins malsaines ; mais malgré les efforts de l'administration pour adoucir le sort des prisonniers, malgré les soins d'une association charitable qui pourvoit à une partie de leurs besoins (particulièrement en ce qui regarde le linge et les vêtemens), les localités sont telles qu'il est presqu'impossible de remédier aux principaux inconvéniens. Au reste, ce n'est plus pour long-temps que cette maison doit-être consacrée à un si triste usage, et l'édification du Palais de Justice dont j'ai déjà parlé, donnera les moyens d'y transférer tous les prisonniers du ressort de la justice civile.

Tribunal de Commerce.

En sortant de la prison nous n'avons qu'un

pas à faire pour nous trouver dans la salle d'audience du tribunal de Commerce. Le mardi et le vendredi de chaque semaine on y voit dès huit heures et demie du matin un cercle d'habitués dont quelques-uns écoutent attentivement pour tâcher de saisir le fil d'une affaire, qu'ils embrouillent souvent avec deux ou trois autres, ce qui donne ensuite à leurs récits beaucoup d'originalité. D'autres s'endorment avant l'ouverture de l'audience et ne s'éveillent qu'après qu'elle est terminée. Il en est qu'on ne voit que l'hiver, parce qu'ils ont alors l'avantage de se chauffer *gratis* pendant toute la matinée et de savoir par-dessus le marché que M. un tel a laissé protester une lettre de change et que tel autre a mis deux tours de moins dans ses échevettes. Nous ne nous arrêterons ici que pour considérer deux grands tableaux représentant *le jugement de Salomon* et *l'acquittement de la chaste Suzanne*. Ces deux ouvrages dûs au pinceau de Wamps, ne sont pas sans mérite. La composition en est belle, la touche large ; mais la couleur manque de vérité et abonde un peu trop en tons rougeâtres.

La composition de ce tribunal est d'un président, de quatre juges, de quatre suppléans et d'un greffier. Quant à sa juridiction, tout le monde sait qu'elle s'étend à toutes les contestations relatives aux engagemens et transactions entre négocians, marchands et banquiers, et toutes celles relatives aux actes de commerce, quelque soit la qualité des plaideurs.

Palais de Rihour.

Ainsi que je l'ai déjà dit l'Hôtel de Ville actuel fut bâti par un duc de Bourgogne. Il portait alors le titre de *Palais de Rihoult*, plus tard on en a fait *Palais de Rihour* ou *des Rihours*. En 1524, Charles-Quint voulut qu'il se nommât *la Salle*, parce qu'il y avait transféré tous les droits féodaux de l'ancienne *Salle de Lille*, qui venait d'être démolie ; mais cette qualification fut remplacée en 1541 par celle de cour de l'empereur, quand ce prince y eût logé avec le roi d'Angleterre, lors de leur passage à Lille. Dans la suite la ville fit l'acquisition de cet hôtel et il devint le siège de la juridiction échevinale. Le corps du magistrat était alors composé d'un *Rewart*, qui en était le chef, douze échevins, dont le premier se nommait *Mayeur*, douze conseillers et huit prudhommes. Tous ces officiers étaient électifs et se renouvelaient chaque année. Il y avait en outre trois conseillers pensionnaires, deux greffiers et un procureur syndic, lesquels étaient permanens. Ce corps respectable, qui devait sa première institution à Baudouin IX (1), et son organisation définitive à Jeanne de Constantinople, sa fille, statuait généralement sur tout ce qui concernait la police, les manufactures, les arts et métiers, les finances et toutes les parties de

---

(1) Je ne laisserai pas passer le nom de Baudouin IX sans signaler une erreur grossière dans laquelle sont tombés Thiroux et plusieurs autres : ils attribuent à ce prince une ordonnance par laquelle il était défendu en Flandres de vendre le vin plus de trois deniers le pot. Cette ordonnance dont l'original subsiste encore aux archives de la ville, porte au contraire, que lui Baudouin, renonce pour lui et ses successeurs au privilège dont les comtes de Flandres avaient toujours joui de ne payer le vin que trois deniers le *lot*, *et ce parce que cette coutume était inique et donnait lieu à de violentes exactions*. Dès ce moment le souverain dût se conformer aux prix fixés pour le public *à la connaissance d'échevins*.

l'administration de la ville. Il rendait aussi la justice au nom du roi en matière civile et criminelle dans la ville et sa banlieue, sauf les cas réservés au prévôt.

Tout cela fut changé en 1790, et un nouveau corps municipal fut élu suivant le mode uniforme adopté pour toutes les communes de France.

Administration Municipale.

Aujourd'hui ce corps se compose d'un Maire et de quatre Adjoints nommés pour cinq ans, et dont les fonctions sont purement administratives. Il y a un secrétariat-général et plusieurs bureaux chargés des différentes parties de l'administration.

Le Maire est de plus, assisté d'un conseil municipal dont il est président, et qui est composé de trente membres. Ce conseil entend et débat les comptes communaux, délibère sur les besoins, sur les procès à intenter ou à soutenir, et s'occupe en un mot, de tout ce qui intéresse la commune.

Cour de la Mairie.

Parcourons dans tous ses détails le local qui les renferme, et dont l'aspect du côté de la cour n'est pas moins bizarre que celui qu'il présente à l'extérieur. D'abord nous trouvons dans une moitié de cette cour un encombrement continuel causé par le dépôt qui s'y fait sous la garde des employés de l'octroi, de tous les vins, eaux-de-vie et genièvres arrivant dans cette ville. D'un autre côté ce sont des plombs et autres marchandises que l'activité de nos fabriques fait arriver chaque jour et qui demeurent là en entrepôt jusqu'à l'acquittement des droits; et au milieu, les voitures occupées sans cesse aux chargemens et déchargemens!.... mais laissons ce côté désagréable et tournons vers la droite où deux entrées contiguës se présentent. La première nous montre un escalier qui conduit aux salles occupées par le tribunal civil. Celle où se tiennent les audiences est belle mais trop obscure. Le tribunal qui y siège est composé d'un président, d'un vice-président, de six juges et de quatre suppléans d'un greffier et de deux commis-greffiers. Il connaît en premier ressort des matières civiles dont l'importance excède mille francs, et en dernier ressort des affaires moins importantes et de celles de police correctionnelle. Il prononce sur l'appel des jugemens rendus en premier ressort par les juges de paix, et l'appel de ses jugemens est porté à la Cour Royale de Douai. Un long corridor qui s'étend sur le corps de bâtiment faisant face à la place de la Mairie contient les chambres du greffe, les cabinets du juge d'instruction et le parquet du procureur du roi.

Secrétariat et Salon du Maire.

Descendons l'escalier par lequel nous sommes arrivés et rentrons par l'autre porte qui se trouve à côté de celle-ci. Là sont établis les bureaux du secrétariat et le grand salon où se réunissent chaque jour le Maire et les adjoints pour vaquer aux affaires de la commune. Ce salon est orné d'un portrait en pied de Louis XVIII, peint par M.° Vachot, et de deux petits tableaux d'histoire qui sont des essais de notre compatriote M. Serrure.

Ancienne Salle de festin.

De ce côté une porte communique avec la partie du milieu qui se trouve sous l'étage occupé par le tribunal civil. Avant l'incendie de 1700, le rez-de-chaussée presqu'entier ne formait qu'une seule salle qu'on nommait la *grande salle du palais*. En 1431, on y fit rôtir un bœuf tout entier pour le servir de même dans un festin que Philippe-le-Bon donnait aux seigneurs de sa cour. En 1453, le même prince y donna le fameux *repas du faisan*, où, suivant les usages de la chevalerie (1), il fit vœu avec toute sa noblesse d'aller combattre les turcs qui venaient de s'emparer de Constantinople. Mais ce projet n'eût aucune suite, parce que Philippe y avait mis pour restriction que le

---

(1) La chair du paon et celle du faisan étaient, au tems de la chevalerie, la nourriture des Preux et des amans. Une figure de ces animaux servait de but aux chevaliers qui s'exerçaient ; et quand ils voulaient prendre un engagement, un paon ou un faisan était apporté solennellement sur la table, dans un bassin d'or ou d'argent, par des demoiselles. Chacun faisait son vœu sur l'oiseau, et il était distribué aux assistans.

Roi de France s engagerait à maintenir son pays en paix ; et que celui-ci témoignait au contraire d'assez mauvaises dispositions à l'égard du duc de Bourgogne, à cause de la protection que ce dernier accordait au Dauphin, depuis Louis XI.

Ancienne Salle de Spectacle.

En 1700 un terrible incendie dévora touté cette partie de l'hôtel de la ville ; le feu avait pris d'abord à la salle de spectacle qui s'y trouvait enclavée. Lorsqu'on eût reconstruit ce corps de bâtiment tel que nous le voyons aujourd'hui, le spectacle fut établi en face du *petit hôtel*, où il a subsisté long-tems. C'est dans cette salle alors fort petite que Voltaire est venu essayer quelques-unes de ses tragédies. Elle a subsisté fort long-tems à divers usages ; mais après avoir totalement changé de forme, elle est devenue partie intégrante de plusieurs cabarets.

Revenons à l'ancienne salle de festin, ou plutôt aux bureaux qui l'ont remplacée.

Bureaux.

A droite de la porte du milieu, est la salle où se fait le tirage au sort pour le recrutement et où se tient le conseil de révision. Du même côté sont encore les bureaux militaire des logemens, des patentes etc.

État-Major de la Place.

A gauche de la même porte est le bureau de l'état-major de la place. On y remarque un grand tableau d'histoire peint à Rome, par M. Descamps de Lille.

État-Civil.

A l'angle ouest de la cour se trouve une autre entrée qui conduit aux bureaux de l'état-civil placés au rez-de-chaussée. Ils occupent une grande salle de l'ancien palais, ainsi qu'on peut en juger à la forme gothique de la cheminée. C'est ici que se font les mariages et que s'enregistrent les décès et les naissances. Singulier rapprochement des évènemens les plus opposés! En y réfléchissant il n'est guerre possible qu'un employé de l'état-civil ne soit pas philosophe.

On remarque encore dans cette salle un beau tableau représentant Jeanne de Constantinople et Ferrand de Portugal son époux. Ils sont assis sur une espèce de trône, et, par une idée bizarre du peintre, on aperçoit dans le fond Thomas de Savoie, second mari de la comtesse.

Près de ces bureaux se trouve un grand escalier en pierre, conduisant à la partie supérieure de l'édifice. A chaque pallier on remarque des appuis ou repos où les solliciteurs de cet ancien temps pouvaient s'asseoir pour que l'attente leur fut moins incommode. On ne trouve plus dans les édifices modernes cette crainte obligeante de fatiguer les gens qui montent et pourtant tout le monde veut monter.

Conseil des Prud'hommes.

Montons aussi; mais pour un autre motif. Nous trouvons d'abord la salle des séances du conseil des prud'hommes. Ce conseil est composé d'un président, d'un vice président de cinq juges, de deux suppléans, et d'un greffier. Les membres de ce conseil sont autorisés à juger toutes les contestations qui naissent entre les marchands-fabricans, chefs d'atelier, contre-maîtres, ouvriers, compagnons et apprentis quelque soit la quotité de la somme dont elles sont l'objet. Leurs jugemens sont définitifs si la condamnation n'excède pas cent francs en capital et accessoires. Au dessus de cette somme, ils sont suseptibles d'appel devant le tribunal de commerce.

Société d'Amateurs des Sciences et Arts.

Près de ce local on voit celui occupé par la société d'*amateurs des sciences et arts*, dont l'organisation date de 1803. Cette société compte parmi ses membres des hommes d'un grand mérite et s'attache particulièrement à donner à ses travaux une direction utile. L'agriculture et l'hygiène, la physiologie et l'histoire naturelle, la chimie et la physique, sont les principaux objets de ses savantes recherches. Chaque année des sujets sont mis au concours par elle, et des prix sont distribués. On doit de plus aux soins de quelques uns de ses membres, la création d'un musée d'histoire naturelle pour lequel l'administration municipale a fait les fonds nécessaires et accordé une fort belle salle que nous allons visiter.

Le Musée d'histoire naturelle.

Il est situé immédiatement au-dessus du tribunal civil, et renferme une belle collection d'objets curieux, principalement dans le règne animal. Parmi ceux-ci on remarque trois Momies trouvées dans les ruines de Thèbes; un tigre royal d'une taille extraordinaire et d'une beauté rare; plusieurs quadrupèdes peu connus; de nombreuses variétés de singes et une quantité considérable d'oiseaux de tous les climats. On doit les plus grands éloges à la classification de ceux-ci et à la manière dont ils sont empaillés. C'est un art que peu de personnes estiment ce qu'il vaut, et qui ne peut être justement apprécié qu'en présence de ces petits abrégés de la création, où se trouvent réunis sous une apparence de vie, des animaux de toutes les parties du monde. Le colibri et l'oiseau mouche reposent auprès du pinson et de la linotte, et l'on voit une quantité d'oiseaux de Cayennes rangés méthodiquement au-dessus des habitans aîlés de nos contrées.

Après avoir passé successivement devant les volatiles familiers et sauvages, les oiseaux de proie et les pêcheurs ; après avoir considéré l'autruche en regrettant la perte de ses plumes, nous arrivons aux poissons qui composent une des parties remarquables de cette réunion, sinon par leur nombre, au moins par la manière dont ils sont, pour ainsi dire, rappelés à la vie. Ce qui peut ajouter pour nous au mérite de leur préparation, c'est qu'on la doit à un artiste du département du Nord.

Cours de Physique.

Nous terminons enfin notre visite par les insectes et par des dissections fort curieuses placées dans des vitrines au milieu de la salle; nous entrons ensuite dans une chambre voisine où se trouvent divers appareils et instrumens qui nous annoncent le lieu où se tient pendant l'hiver le cours de physique dirigé avec beaucoup de succès par M. Delezenne, professeur, membre de la société dont nous venons de parler.

Si nous traversons de nouveau la salle du musée pour sortir par le même escalier qui nous y a conduit, nous allons nous trouver proche d'un autre salon qui sert à l'exposition des produits de l'industrie, qui a lieu de deux en deux ans.

Conclave.

Un peu plus loin se trouve l'ancienne salle dite du Conclave, où se tenaient autrefois les magistrats quand ils rendaient la justice. Elle a une voûte élevée et une belle boiserie. On y voit plusieurs beaux tableaux d'Arnould de Vuez qui auraient grand besoin d'une restauration complette.

Loterie de Lille.

Ce local est aujourd'hui employé au tirage de la loterie, qui s'y fait les 1, 11 et 21 de chaque mois. Le préfet ou son délégué, le maire de Lille, le procureur du roi, l'inspecteur en chef, un inspecteur particulier et un sous-inspecteur, sont présens à ces divers tirages. Enfin, rien n'est négligé pour que les personnes atteintes de la funeste manie qui soutient cette institution, aient au moins toute la sécurité désirable dans la manière dont leur sort se décide.

On remarque à ce sujet que ce fut probablement dans le même lieu que fut tirée, en 1445, la première loterie connue dans cette province. Des lettres de Philippe-le-Bon, du 21 janvier de cette même année, autorisent la ville à faire une loterie de 1000 francs *que chacun pouvait gagner en mettant un écu ou moins*; on devait en employer le produit *à payer les dettes de la ville, et à réparer ses fortifications*. On voit que dès ce temps-là les chances les plus favorables n'étaient pas du côté des joueurs.

La même salle sert encore chaque année à la distribution des prix des écoles académiques.

Nouveau Beffroi.

Redescendons maintenant l'escalier par

lequel nous sommes venus, et regardons du milieu de la cour les travaux qui s'exécutent pour l'érection d'un nouveau beffroi destiné à remplacer la tour Saint-Maurice en ce qui concerne la surveillance du feu. Cette nouvelle tour doit avoir la même élévation que l'autre, et contenir une cloche, dont le tintement servira de signal en cas d'incendie.

Entre ce beffroi et la tourelle qu'on voit à l'angle sud de la cour se trouve un espace dont il ne reste que le rez de chaussée occupé maintenant par les magasins de l'octroi. La partie supérieure, brulée en 1756, n'a jamais été rétablie.

Archives de la Ville.

La tourelle dont nous venons de parler ne renferme qu'un escalier tournant qui communique aux archives de la ville, lesquelles occupent les quatre salles comprises entre cet angle et celui de l'Est. Cet établissement qui est d'une grande importance pour le public et les particuliers, renferme :

1.° Les registres aux titres concernant les divers établissemens publics, depuis la fondation de Lille ; 2.º Les chartes des privilèges accordés à la ville, tant par les comtes de Flandres et les rois d'Espagne, lorsqu'elle était sous cette domination, que par les anciens souverains de France ; 3.º plusieurs registres contenant les faits historiques les plus remarquables qui se sont passés dans Lille, en divers tems ; 4.º Les statuts des anciennes corporations supprimées, ainsi que les ordonnances politiques, concernant les fabriques, manufactures et les différens corps d'arts et métiers ; 5.º Recueil des ordonnances de police, relatives à la sûreté publique, aux comestibles, à la salubrité de la ville ; 6.º Les registres aux fondations pieuses ; 7.º Un grand nombre de dossiers relatifs aux divers agrandissemens de la ville, aux canaux et rivières qui la traversent, à sa population, aux sièges qu'elle a soutenus et aux traités et capitulations qui en sont résultés, aux privilèges de ses habitans, à l'imprimerie, aux traités de paix et d'alliance ; 8º Une quantité considérable de pièces qui intéressent l'état et la fortune des citoyens, telles que les registres aux actes de bourgeoisie, depuis

1291 jusqu'à 1792; registres auxquels les citoyens ont recours pour justifier leur filiation, à défaut d'actes de naissances, mariages et décès, dont on n'a commencé à tenir registre à Lille, que dans le seizième siècle; 9.° Les actes de tutelle et curatelle, et les comptes qui les concernent; 10.° Les registres aux rentes, tant sur les grandes et petites assennes, que sur la ville. 11.° Les comptes des exécuteurs testamentaires, ceux des corporations supprimées, etc.

Archives du Tabellion.

Une salle particulière renferme toutes les minutes déposées par les notaires de Lille et de la Chatellenie à l'ancien tabellion de Lille, depuis 1670 jusqu'en l'an 8 de la république. Cette partie des archives est sous la surveillance spéciale de la chambre des notaires de l'arrondissement et elle est chaque jour d'un secours précieux aux particuliers, tant pour les recherches qu'ils peuvent y faire faire que pour les copies authentiques qu'on leur délivre des actes qui peuvent les intéresser.

Ancienne Chapelle des Gardes.

On remarque encore dans une de ces salles une chapelle fermée d'une grille en fer, et qui paraît avoir servi pour les gardes des ducs de Bourgogne. L'autel en pierres blanches y est demeuré et l'on a placé dans le même lieu les portraits des comtes et comtesses de Flandres de la maison de Bourgogne.

Bureaux de la Police.

L'autre tourelle qui est vers l'Est conduit aux bureaux de la police municipale. C'est là que les étrangers vont faire viser leurs passeports ou en prendre de nouveaux.

Bureaux de l'Octroi municipal.

Au-dessous de ces bureaux sont ceux de l'octroi municipal, qui compose maintenant la principale et presqu'unique source des revenus de la ville. Leur produit annuel est de sept à huit cent mille francs.

Rue du Palais.

Un passage situé sous le nouveau beffroi

conduit à la *Rue du Palais*, ainsi nommée parce que les maisons qui s'y trouvent furent bâties en 1664 sur l'emplacement qu'occupaient les jardins du palais de Rihour. Les magistrats avaient en 1660 acheté ce château et ses dépendances pour une somme de cent mille francs. De cette rue on n'aperçoit que la partie ancienne de l'hôtel de ville avec ses tourelles irrégulières ; mais cette masse de bâtimens produit un effet pittoresque.

Poids Public.

On y a pratiqué récemment un local pour le Poids-Public qui se trouvait précédemment sur la petite place, et qui a été remplacé par le magasin de décors du théâtre.

Tribunal de Simple Police.

Dans le contour qui porte le nom *de la Mairie*, on trouve encore le tribunal de simple police, lequel se compose de la réunion des juges de paix, qui y font alternativement le service. Un commissaire de police y remplit les fonctions du ministère public. Un greffier nommé par le roi y est spécialement attaché. Le lieu où siège ce tribunal fait partie de l'ancienne chapelle du palais, ainsi qu'on peut encore en juger à la forme des voûtes.

Bureaux de Garantie et Contrôle.

Une autre partie de cette même chapelle est occupée par les bureaux de garantie et de contrôle pour les matières d'or et d'argent.

Poids et Mesures.

Près de là se fait à certaines époques de l'année la vérification des poids et mesures.

Dirigeons-nous pour la seconde fois vers la grande place où nous allons passer le long du rang *des cafés*. Ce nom qu'on est encore dans l'usage de lui donner n'est plus très convenable puisqu'il ne se trouve là qu'un seul *café* proprement dit, qui est le beau *café de Foi*. En revanche on y voit deux grands hôtels et plusieurs auberges d'un ordre inférieur. Presque toutes les maisons de ce côté de la place et quelques-unes des autres côtés ont de beaux balcons qui, les jours de parade ou de cérémonie publique, sont couverts de monde et produisent un effet très-agréable à la vue.

Rue Esquermoise.

En poursuivant notre route nous entrons dans la rue Esquermoise qui est aujourd'hui la plus fréquentée de la ville. Le commerce des objets de luxe s'en est totalement emparé et l'a embelli avec une élégance toute parisienne. En effet l'étranger qui, en parcourant cette rue, considère la beauté des magasins, le goût et la richesse avec lesquels ils sont ornés, l'éclat des marchandises exposées jusques dans la rue aux regards des passans ; l'étranger dis-je, pourrait se croire au sein de la capitale, et se trouverait encore confirmé dans cette idée par le mouvement continuel de voitures et de piétons qui permet à peine de faire dans cette rue quatre pas en ligne directe.

Rue saint Etienne.

On y voyait autrefois vers l'entrée, le portail de l'église saint-Etienne ; aujourd'hui ce sont de jolies maisons toutes employées au commerce. En face se trouvait l'hôtel *de Beaurepaire* qui occupait une grande étendue de terrain; mais en 1592 les sieurs Carlier père et fils, Abrassart et Delarue, ayant fait l'acquisition de cet hôtel, le démolirent pour y édifier quantité d'habitations particulières, et ouvrirent à leurs frais une rue à laquelle ils donnèrent le nom de *Saint-Etienne* qu'elle porte encore. Le magistrat fit seulement la dépense d'un pont sur la rivière qui la traverse.

Pont de Weppes.

Presqu'à l'extrémité de la rue Esquermoise se trouve un pont qui n'est à découvert que d'un côté. C'est là qu'existait la porte de *Weppes* avant l'incorporation de la paroisse Sainte-Catherine, qui eut lieu vers le milieu du quinzième siècle. La branche de la Deûle qui passe en cet endroit est celle qui vient directement du faubourg *de la Barre*, elle est plus large et ses eaux moins stagnantes que dans les autres parties de la ville.

L'ancienne Chambre des Comptes. — Le Bureau des Finances.

Près de ce pont on voit deux hôtels d'une belle structure, dont l'un était occupé autrefois par la chambre des comptes établie par Philippe-le-Hardi en 1385, et l'autre par le bureau des finances créé en 1691 par Louis XIV.

Un peu au-delà du pont, on aperçoit à droite une petite rue qui conduisait au refuge de l'abbaye de Loos, et qui en a retenu le nom. On lui avait substitué pendant quelque temps celui de J.J. Rousseau ; mais l'ancien nom a prévalu, et c'est encore pour l'âme du philosophe génevois une petite tribulation à ajouter à celles qu'il a eu à supporter pendant sa vie.

Paroisse Sainte-Catherine.

Poursuivons notre route. Le premier édifice remarquable que nous allons rencontrer est l'Église paroissiale de Sainte-Catherine. L'existence de cette paroisse, constatée par le témoignage des historiens et par celui des anciennes chroniques, remonte à peu-près jusqu'à l'origine de Lille ; mais pendant long-temps elle n'en était qu'un faubourg. Au commencement du quinzième siècle, lorsque Lille devint le séjour des princes de la maison de Bourgogne, la population de cette ville s'augmentant en raison de la grandeur et de la magnificence de ces princes, son enceinte ainsi resserrée ne fut plus suffisante pour contenir les nombreux habitans que le commerce ou les affaires de la cour y attiraient journellement. Philippe-le-Bon y fit faire un aggrandissement qui comprenait une grande partie de la paroisse actuelle de Sainte-Catherine. La porte de *Weppes* fut alors supprimée, et celle *de la Barre* construite, non à l'endroit où elle se trouve maintenant, mais à l'extrémité de la rue du même nom.

Eglise Sainte-Catherine.

L'église de cette paroisse offre à l'extérieur un défaut qui lui est commun avec la plupart des anciennes églises ; c'est d'être surchargée de constructions parasites qui semblent *fourrées* dans tous les angles rentrans, et nuisent beaucoup à l'effet d'une architecture simple et majestueuse.

L'intérieur est formé de trois nefs qui n'ont rien de remarquable que leur largeur. Autrefois le pourtour était orné d'une riche boiserie. Le chœur était fermé par une grille en fer, citée comme l'un des meilleurs ouvrages en ce genre qu'il y eut en Flandres, et faite en 1769 par M. Dewarlez, alors élève de notre école de dessin. Mais le temps de la destruction est venu, et le fer a disparu aussi bien que le bois. Heureusement qu'aux yeux des Vandales modernes, le meilleur tableau n'était qu'un vieux morceau de toile dont on ne pouvait rien tirer, car si l'on avait pu seulement en extraire quelques livres de plomb, nous serions certainement possesseurs de plusieurs chefs-d'œuvres de moins. C'est peut-être à cette ignorance que nous devons la conservation du beau tableau de Rubens, qui orne encore le maître-autel de Sainte-Catherine. Il représente le martyre de cette sainte, au moment où le licteur s'apprête à lui trancher la tête, tandis que le prêtre des idoles emploie de vains efforts pour ébranler la foi de l'illustre vierge, et ne peut y parvenir ni par la persuasion, ni par les apprêts du plus horrible supplice. Dire que ce tableau est digne du pinceau du plus grand peintre de notre école flamande, c'est donner en peu de mots une idée de son mérite. Il n'est pas un étranger ami des arts, qui n'aille le visiter en passant à Lille. Il n'est pas un Lillois instruit qui ne le regarde comme un trésor pour l'église qui le possède, et la reconnaissance publique aurait dû préserver de l'oubli le nom du généreux citoyen qui appela le grand peintre dans nos murs pour lui faire faire ce bel ouvrage ; cependant il est très-peu de personnes qui sachent que ce bienfait, digne de la main d'un prince, est dû à *messire Jean de Seur, et à dame Marie Patin son épouse*. Faire connaître leurs noms est un devoir pour tout Lillois qui tient à l'honneur de son pays.

Le Télégraphe.

La tour de cette église est assez élevée, et son sommet est garni d'un appareil télégraphique qui y a été établi en 1793, et communique avec Paris au moyen de dix-sept stations dont la plus voisine est placée sur le clocher de Seclin.

La Rue Royale.

A deux pas de l'église Sainte-Catherine se

trouve le commencement de la *Rue Royale*, qui est la plus belle de cette ville, soit que l'on considère son étendue jointe à sa régularité ou bien la beauté de la plupart des habitations qui la décorent.

Préfecture.

En avançant dans cette rue on trouve d'abord le nouvel Hôtel de la Préfecture, bâti en 1786 pour l'intendance de la province et occupé en partie depuis la révolution jusqu'en 1826, par les généraux qui ont successivement commandé la 16.ᵉ division militaire. Par suite d'un nouvel arrangement, le siège de la préfecture y est maintenant établi.

Cet hôtel a été construit par l'architecte Lequeux, qui y fut assassiné le 15 avril de la même année, par un jardinier auquel il donnait des ordres.

Poste aux Lettres.

Dans la maison qui fait face à cet hôtel, on trouve les bureaux et la principale boîte de la Poste aux Lettres. Le service pour Paris s'y fait avec la plus grande célérité par le moyen des malles-postes.

Paroisse Saint-André.

En avançant dans la rue Royale nous quitons la paroisse de Sainte-Catherine pour entrer sur celle de Saint-André. Celle-ci doit son origine à l'agrandissement de 1669, qui fut ordonné par Louis XIV, deux ans après qu'il eût fait la conquête de cette ville. Le village de Saint-André d'où elle tire son nom fut à cette époque renfermé dans les nouveaux remparts, et de belles rues tirées au cordeau, firent de ce quartier le plus propre et le mieux distribué de Lille.

Cette paroisse quoiqu'assez étendue est la moins peuplée, et c'est pourtant celle qui présente le plus de contrastes, soit dans la forme des constructions, soit dans la répartition des fortunes, soit enfin dans le caractère et les mœurs de ses habitans. Qu'un observateur superficiel se borne à admirer la rue Royale et ses portes cochères, c'est tout simple; mais pour celui qui veut connaître à fond la population au milieu de laquelle il vit, il faut qu'il étudie avec le même intérêt le riche et le pauvre, et qu'il passe sans répugnance des brillans salons du propriétaire ou de l'administrateur, dans l'humble maisonnette de l'obscur artisan. Ici du moins la distance n'est pas longue; souvent un simple mur sépare le vaste jardin anglais du plus modeste potager ; et l'on voit l'élégant platane prêter une partie de son ombrage au petit carré de verdure, sur lequel la bonne ménagère fait sécher le linge de sa famille.

Plusieurs de ces jardins sont occupés par des fleuristes qui y cultivent avec soin l'œillet et la renoncule, le rosier du bengale, et le *cactus speciosus*. D'autres situés au fond de ces nombreuses impasses que nous nommons assez improprement *Cours*, servent de retraite à d'honnêtes ouvriers qui ajoutent au produit de leur travail celui de quelques fruits et de quelques légumes que leur fournit ce petit coin de terre. Les rues *Princesse* et *Dauphine* sont celles où il se trouve le plus de ces demeures, pour ainsi dire séparées du monde. C'est à cette cause peut-être et à l'éloignement du centre de la ville qu'il faut attribuer l'air de campagne qui distingue cette paroisse de toutes les autres.

Quelques masures sans étage supérieur, qu'on remarque encore dans les deux rues que je viens de citer, paraissent même avoir fait autrefois partie du village qu'un grand roi a bien voulu *annoblir* et semblent avoir été conservées à dessein pour rappeler son origine première. Quoiqu'il en soit, on retrouve cette origine jusques dans le caractère et le langage des classes inférieures qui habitent ce quartier. L'accent y est presque semblable à celui des communes rurales les plus voisines. Les mœurs y sont moins corrompues que dans quelques autres paroisses. Les habitudes ordinaires de la vie s'y rapprochent davantage des coutumes du vieux tems et l'on y remarque encore dans le pauvre quelques traces des vertus de nos pères.

Église de Saint-André.

L'église maintenant affectée à cette paroisse était autrefois celle des *Carmes-Chaussés*. C'est une des plus belles de la ville, et les soins particuliers que l'on donne à son embellissement en ont fait disparaître les traces de la dévastation à laquelle elle a été livrée comme tous les édifices du même genre. Sa façade est ornée de colonnes formant avant-corps et l'élévation en est imposante. L'intérieur est aussi d'une belle proportion. Plusieurs tableaux ornent le chœur. Celui du maître-autel produit beaucoup d'effet : il représente le *martyre de Saint-André*, peint par M. Descamps de Lille. Les autres sont d'Arnould de Vuez et ont été cédés nouvellement à cette église.

On y remarque une chaire bien sculptée, de très-belles orgues et deux bustes en marbre qui proviennent de l'ancienne collégiale de Saint-Pierre et qui ont été sauvés de la destruction par M. Cardon de Montreuil, qui n'a pas cru pouvoir en faire un meilleur usage que de les replacer dans un autre sanctuaire. Ces bustes sont de la main du sculpteur *Quillins*, qui s'est acquis en Flandres une certaine célébrité dans le siècle dernier.

Grand Magasin.

Un peu plus loin que l'église de St.-André, et toujours dans la rue Royale, nous trouvons le grand magasin au blé. C'est un bâtiment qui n'a de particulier que son élévation et son étendue, il s'aperçoit de très-loin. On dit qu'il a autant de fenêtres qu'il y a de jours dans l'année; mais j'avoue que je ne les ai jamais comptées. Cet édifice très-utile quant à sa destination, a été construit en 1730 par ordre des états de la province, afin de pouvoir se prémunir contre les malheurs qui accompagnent ordinairement une disette.

Porte Saint-André.

Enfin, à l'extrémité de la rue Royale, on voit la porte Saint-André, de laquelle on aurait pu faire une fort belle perspective, si on lui eut donné une forme plus élégante et qu'on l'eût placée en face de cette rue; mais elle est masquée en partie par le grand magasin, et, en vérité il n'y a guère de dommage.

Gaz Portatif.

Non loin de cette porte et de la caserne du même nom, s'élèvent les usines d'un établissement nouveau qui fournira moyennant un abonnement déterminé du gaz-hydrogène extrait de l'huile et transportable dans des vases ou récipiens de différentes dimensions. Le succès d'un établissement semblable à Paris est d'un bon augure pour les avantages que le public et les entrepreneurs doivent recueillir de ce nouveau mode d'éclairage, introduit dans notre ville ou en général on a peu de penchant pour les innovations ; mais ou l'on finit par se rendre à l'évidence et s'y tenir avec d'autant plus de persévérance qu'on a été lent à s'y décider.

Parc d'Artillerie.

Nous n'avons plus à voir dans ce quartier que le Parc d'artillerie qui occupe une partie du terrain situé entre la porte Saint-André et l'*Esplanade*, ce qui nous conduit naturellement à visiter cette belle promenade ; mais nos courses de cette journée ont été assez nombreuses pour remettre celle-ci à demain, et je vous demande la permission de reprendre haleine jusques là.

V.ᵉ JOURNÉE.

L'Esplanade.

Avant la conquête de Lille par Louis XIV, les fossés de la ville couvraient une partie de l'emplacement que nous allons parcourir, et le reste était en prairies comme le sont encore maintenant les dehors de la porte Saint-André ; mais ce prince ayant ordonné l'agrandissement dont j'ai parlé page 162, y fit comprendre le plan d'une citadelle formidable et d'un canal de communication entre la haute et la basse-deûle ; car auparavant on était obligé de débarquer les marchandises au rivage du *haut* pour les rembarquer au grand rivage, quand elles ne faisaient que traverser la ville. Maintenant les bateaux de toutes grandeurs se rendent sans obstacle d'un port à l'autre, par le moyen d'un beau canal qui traverse la promenade publique, dont il est même un ornement.

Aux deux côtés de ce canal sont des allées bien plantées et parfaitement entretenues, (grâce aux soins tous particuliers de M. Aronio, conseiller de préfecture,). Le Lillois sans sortir de ses murs peut y jouir du plaisir de la promenade. On voit sur la rive droite cinq de ces allées : la première est garnie d'un tapis de verdure sur lequel de jeunes enfans viennent se livrer aux jeux de leur âge et se roulent sans danger pendant les distractions souvent trop fréquentes de leurs bonnes. La cinquième est réservée pour les chevaux et les voitures. On voit plus d'un élégant cavalier qui vient y déployer toute l'aisance et l'adresse dont il est susceptible. Tous les regards le suivent...; mais gare aux accidens ! les rieurs ne sont pas moins impitoyables ici qu'ailleurs. Les trois allées du milieu appartiennent exclusivement aux promeneurs. Voyez-vous circuler dans l'une d'elles un peuple entier de jeunes beautés, brillantes de grâces et de parure ? l'œil peut à peine s'arrêter sur cette mouvante colonne qui suit sans cesse les deux directions opposées. Semblables aux heures, qui toujours nous arrivent et toujours nous échappent dans leur rapide uniformité, les personnes sur qui notre vue voudrait se fixer ne font que nous apparaître par intervalles, et à peine les avons-nous aperçues qu'elles sont déjà loin de nous. Mais voici, près du joli bassin au milieu duquel on peut avec une imagination tant soit peu complaisante, se figurer voir un jet d'eau, voici, dis-je, une société stationnaire qui veut jouir à son aise du double plaisir de voir et d'être vue. Moyennant une légère rétribution, on s'y place sur des chaises rangées sur plusieurs lignes aux deux côtés d'une allée ou groupées sans ordre derrière celles-ci. Là, mille conversations diverses s'engagent, se croisent, s'interrompent. Quelquefois on se livre franchement à la pente de ses idées; mais beaucoup plus souvent on pèse chaque mot, on apprête chaque pensée, on étudie jusqu'aux inflexions de la voix et au langage des yeux. C'est tout simple : tant d'oreilles vous écoutent ! tant de regards se fixent sur vous, pour peu qu'on soit tourmenté du désir de plaire ou de briller, il n'est pas possible de s'oublier un seul instant.

Seriez-vous curieux de savoir quel est le principal sujet de la plupart de ces entretiens dont vous n'entendez d'ici que le brouhaha ? Asseyons-nous derrière cet arbre et demeurons là silencieusement, non avec un air observateur ; mais dans l'attitude d'un gastronome qui digère. Auriez-vous quelques scrupules ? Rassurez-vous : ici on ne parle que pour être entendu.

« Oh ! la jolie robe ! mais elle est portée
» sans grâce ! — Ce chapeau me plaît assez ;
» mais les fleurs sont posées sans goût. —
» Oh ! les singulières plumes ! Et ces man-
» ches ! et ce schall ! quel assemblage de
» ridicules ! — Avez-vous vu passer M. Er-
» nest ? Il a la physionomie défaite. — Aurait-
» il reçu un congé de sa belle ? — Non,
» c'est qu'il a perdu cinquante louis au jeu.
» Mais voyez donc Madame L...., comme
» elle se *dandine*. — Ah ! son mari est avec
» elle : Tout est donc arrangé. — Comment
» arrangé ?... — Vous n'êtes pas au courant ?
» Oh ! c'est bien l'aventure la plus plaisante !
» je vais vous conter cela. »

Si vous n'aimez pas plus que moi la médisance et le scandale, sauvons-nous d'ici il en est temps.

Le Pont de Berry ou Pont Royal.

En face du bassin circulaire dans lequel on voit quelquefois se jouer des cignes, on a construit en 1812 un pont de forme élégante et d'une élévation qui permet de l'apercevoir de toutes les parties de la promenade. Non seulement il en fait l'ornement; mais encore il est très utile pour la communication d'une rive à l'autre qui ne pouvait se faire auparavant qu'en remontant jusqu'à l'une des extrémités des allées. Ce pont qu'on appelle *Pont Royal* ou de *Berry*, avait reçu dans l'origine le nom de *Napoléon*. Il portait des inscriptions rappelant ses principales victoires et les noms des royaumes qu'il avait *donnés* et qui nous avaient coûté plus cher qu'à lui.

Le Manège.—Le Jeu de Balle—Le Petit Paradis.

Un joli portique avec gradins et colonnes termine la perspective de l'esplanade. A gauche de ce portique est l'entrée du manège de la ville; à droite le logement du maître d'équitation. Ici près est l'emplacement où viennent s'exercer les amateurs du jeu de balle. De l'autre côté se trouve un charmant bosquet et un petit parterre cultivé par les employés de l'octroi qui ont leur poste en cet endroit, qui se nomme depuis très long-temps le *petit paradis*. Je ne sais ce qui lui a valu cette flatteuse qualification. Le lieu est fort agréable ; mais si l'on a voulu faire allusion au paradis terrestre, la figure est un peu outrée.

La Porte-d'Eau.

Quoiqu'il en soit, montons par une pente douce sur la partie du rempart qui de ce côté borne la promenade, nous jouirons d'un point de vue magnifique dont l'impression est plus facile à éprouver qu'à décrire, surtout quand il est animé par la foule qui circule des deux côtés du canal. Ce spectacle, il est vrai, pourrait n'être pas du goût des personnes dont l'humeur est tant soit peu romantique ; mais alors je leur conseille de venir se reposer un soir sur le *Pont-Royal*, qu'on aperçoit d'ici, à l'heure où *dans l'immensité de son silence la nature déploie ses plus doux charmes*, et le jour où *le cristal limpide d'une onde virginale redit aux yeux les traits argentés de la reine des nuits.* C'est à-dire en bon français, qu'on fera bien de choisir, pour contempler cette belle vue, un jour de pleine lune vers onze heures du soir.

Magasin à Poudre.

Mais descendons par une rampe correspondante à la première et nous voici sur la rive gauche. Ici l'aspect est tout différent. Un Magasin à Poudre gardé par une sentinelle armée d'une pique nous avertit de ne pas nous écarter du sentier battu. Au devant de ce magasin, de beaux peupliers rangés sur plusieurs lignes balancent leurs cîmes mélancoliques. Sous l'abri qu'ils présentent un banc solitaire sert de siège au philosophe qui veut s'éloigner du bruit et de la cohue, ou au bon vieillard qui s'amuse à contempler le cours de l'eau et la marche lente des bateaux qu'on remorque à force de bras. Ici commencent les allées de maronniers qui sont beaucoup moins fréquentées que celles de la rive droite. On n'y voit guères la jeune personne qui a une robe neuve à montrer, ni la nouvelle mariée qui met son cachemire pour la première fois.

La Plaine.

Si nous quittons ces allées nous voyons se développer devant nous une plaine assez étendue, qui prend une legère pente à partir des glacis de la citadelle. C'est sur ce beau terrain que les troupes viennent exécuter leurs manœuvres journalières, que la cavalerie fait ses écoles et qu'on établit les principaux jeux et exercices dans les jours de réjouissances publiques. On se souvient encore d'y avoir vu la fameuse fête de la fédération entre les départemens du nord, du Pas-de Calais et de la Somme le 14 juillet 1790. On était alors dans une sorte de délire. C'était encore le rêve des imaginations exaltées. Trois ans après le nom de fédéralites était un titre de proscription. Telle est la marche des revolutions, qu'elles se font rarement au profit de ceux qui les commencent.

Tir au Pistolet.

Dans la partie la plus reculée de cette plaine, est une enceinte particulière où un armurier de cette ville a établi un Tir au Pistolet. Nos jeunes gens vont s'y exercer, et cet amusement est devenu à la mode parmi eux.

Ma Campagne.

C'est dans une autre partie et vers le pont Royal que se trouve le joli café qui a pour enseigne *à ma Campagne*. Les jeux de mots que ce titre fait naître ont commencé la vogue de cet établissement. Des motifs plus solides la soutiennent et le propriétaire met tous ses soins à la mériter. Mais ce genre de mérite n'est pas le seul qui lui appartienne et la justice me fait un devoir de dire que le sieur Delbarre, à qui l'administration a confié le dépôt des objets propres à secourir les noyés, ne laisse échapper aucune occasion de prouver même au péril de ses jours son dévouement et son humanité, plusieurs médailles décernées pour de semblables motifs à ce respectable citoyen, sont de faibles témoignages de l'estime générale dont il s'est rendu digne.

Le Ramponeau.

En remontant le canal nous trouvons bientôt un autre pont qui tourne sur pivot pour livrer passage aux grands bateaux. On lui a donné le nom du *Ramponeau*, à cause de l'établissement voisin qui s'appelle de même, et qui servit à différentes époques de café, de guinguette, de salle de danse et de concert. Dans la partie qui borde l'eau, on a construit des salles de bains.

Dépôts de matériaux.

Un troisième pont s'aperçoit d'ici : c'est celui de *la Barre*. Entre ces deux derniers se trouve un port où abordent les bois flottans ; et sur les deux rives on voit constamment des dépôts de sable et de matériaux divers.

La Citadelle.

Sans nous engager dans les tas de pierre, prenons un sentier à droite, il nous conduit droit à la citadelle. Cette forteresse qui ne se montre qu'imparfaitement de ce côté, à cause des ouvrages qui la couvrent, est environnée au-dehors d'une inondation dont on ne fait usage qu'au besoin et qui la rend respectable. Sa position est telle qu'on ne peut l'attaquer qu'après la prise de la ville, ce qui ajoute beaucoup à sa force ainsi qu'à son importance. M. de Vauban, dont elle est le chef-d'œuvre, n'a rien négligé pour lui donner tout le degré de perfection, dont elle était susceptible à l'époque de sa construction. Son enceinte est tracée sur un pentagone régulier. Chacun de ses cinq bastions est couvert d'une contre-garde, et il y a sur chaque courtine une tenaille et une demi-lune avec réduit en maçonnerie. Les trois fronts qui donnent sur la campagne ont des lunettes sur les glacis vis-à-vis les rentrans, entre les demi-lunes et les contre-gardes, et sont enveloppés d'un avant-fossé et d'un avant-chemin couvert. Le pont en pierre de taille qui est sur le fossé du corps de place pour conduire de la demi-lune d'entrée, à la porte royale, est d'une construction très-élégante et fixe l'attention des connaisseurs. Les fossés sont larges, très-profonds et bien entretenus. Sur plusieurs des bastions, il y a des cavaliers sous lesquels sont des casemates pour, en cas de siège, abriter la garnison du bombardement. Les remparts fort larges et bien plantés offrent une promenade d'autant plus riante, qu'elle forme, par son aspect, un contraste avec la sévérité de l'appareil environnant. L'intérieur est occupé par deux rangs de bâtimens, qui comprennent des corps de casernes, plusieurs pavillons et magasins. La place d'armes, qui est plantée de plusieurs rangées d'arbres, est d'une belle régularité.

Sur la porte d'entrée du côté de l'esplanade, appelée porte royale, on lit une inscription latine dont voici la traduction.

» LILLE, dont la prise couronne si glorieusement les conquêtes de Louis XIV, se remettant en possession par les armes, des provinces appartenantes à son épouse Marie-Thérèse, place qui eût rendu inutiles ou retardé long-temps les efforts de tout autre héros, et qui s'est vu forcée de se rendre à ce monarque en neuf jours, au grand étonnement de l'univers, éprouve aujourd'hui la sagesse et la bienfaisance de celui qui venait de lui faire sentir qu'il était invincible, et parvient enfin à l'abri de cette citadelle, où tout annonce une magnificence vraiment Royale, à ne le céder à aucune des villes de la Flandre catholique, par la force et la beauté de ses fortifications, seul avantage qui lui manquât, comme elle l'emportait déjà sans peine sur toutes par ses richesses et le nombre de ses citoyens. L'an MVILXX.

La seconde porte, du côté de la campagne, est nommée *de secours*, parce qu'elle ne doit servir qu'en cas de siège.

Les dehors de la Citadelle sont couverts d'un côté par un grand retranchement en forme de digue, qui sert de chaussée, et par un fossé plein d'eau. A la tête du côté de la Deûle, est une grande redoute appelée de *Canteleux*, qui défend le retranchement, ainsi que l'entrée de la Deûle dans la place.

En pénétrant dans cette enceinte, l'œil n'est pas trompé par la pompeuse annonce qui en décore l'entrée, et la régularité des dispositions intérieures répond à la beauté générale des ouvrages. Parmi les souvenirs que ce lieu rappelle à l'esprit on ne peut omettre celui de la cruelle captivité qu'y subirent, il y a trente ans, M. de Choiseul et les autres émigrés Français qu'une tempête avait jetés sur la côte, et que le droit des gens aurait dû protéger contre toute violence. Ces malheureux furent ensevelis dans les cassemates, pratiqués au-dessous du cavalier qui défend la droite de la porte principale, et qui servirent plus tard de retraite aux nombreux forçats transférés d'Anvers à Lille par suite des évènemens de 1813.

Mais écartons de pénibles idées et arrêtons-nous plutôt à celles qui se rattachent au grand nom de Boufflers. En parcourant les différentes parties de cette place, on croit voir l'illustre maréchal entouré de sa troupe de héros, bravant les efforts réunis d'Eugène et de Malborough, défendant corps-à-corps chaque pouce de terrain enlevé par l'ennemi et reprenant dans des sorties terribles tous les avantages remportés au prix de tant de sang par un assaillant aussi opiniâtre qu'intrépide.

L'imagination se repose ensuite sur cette habitation où le brave gouverneur, forcé par les ordres du roi de souscrire une capitulation qui conservait les débris de sa brave garnison, reçut la visite des généraux ennemis qui venaient de lui accorder de sortir avec chevaux, armes et bagages; de traverser leur camp, tambour battant, balle en bouche, mêche allumée par les deux bouts, conduisant six pièces de canon et des munitions suffisantes pour tirer douze coups par chaque soldat. On se rappelle aussi ce souper que Boufflers offrit à ses heureux rivaux, et dans lequel il leur offrit deux morceaux de cheval pour satisfaire au désir qu'ils témoignaient de goûter de sa nourriture ordinaire.

Sur l'un des côtés du pentagone que forme la place, on voit la chapelle qui depuis la révolution n'a pas encore été rendue au service divin. En faisant cette remarque, si l'on songe que la première condition proposée par Boufflers pour la reddition de la place fut de conserver cette chapelle au culte catholique, bien que la citadelle dût être remise aux Hollandais, ce rapprochement fera naître des réflexions singulières.

Porte de la Barre.

En sortant de la Citadelle, on voit sur la droite un magasin à poudre, et à quelques pas de là, la porte de la Barre qui conduit à Dunkerque.

Rempart de la Ville.

C'est à côté de cette porte que commencent les remparts de la ville, qui, après en avoir fait le circuit, viennent aboutir à l'autre extrémité de l'Esplanade. Ils sont plantés de différentes espèces d'arbres et offrent dans quelques parties une promenade agréable.

Manège pour la Cavalerie. — Fours de Munitions.

On voit encore près de la porte de la Barre, un manège couvert pour la cavalerie et des fours de munition où se confectionne le pain pour la troupe.

Bassin de la Haute-Deûle.

Ceux-ci sont situés presque au bord du bassin de la Haute-Deûle, qui présente la nappe d'eau la plus large de la ville. C'est ici l'entrée du canal de navigation. Une porte d'eau fermée le soir par une grille en fer, donne accès de jour aux bateaux qui arrivent de la partie supérieure de la Deûle.

Anciens Minimes. — Magasin d'effets Militaires.

Dans une angle du quai qui entoure ce bassin on aperçoit une porte ornée de trophées d'armes ; c'est le magasin des effets militaires, qui occupe l'ancien couvent des minimes. On ne peut juger qu'à l'intérieur de l'étendue des bâtimens ; ils sont beaux et vastes, et se prolongent jusqu'à la rue de la Barre dans laquelle ils avaient autrefois une entrée.

La Noble Famille.

On voyait aussi dans la même rue un établissement fondé par mademoiselle de Semeries, sous le titre de *la noble famille*. On y recevait les demoiselles nobles des provinces de Flandres, Hainaut et Artois. Cette maison a maintenant une destination à peu près analogue, puisqu'elle est occupée par un pensionnat très suivi pour l'éducation des demoiselles.

Les Sœurs de la Magdeleine.

Un peu plus avant dans la rue, se trouvait une autre fondation qui datait de

1461 et qu'on nommait les *sœurs de la Magdeleine*. C'était une sorte de refuge où les pécheresses repentantes venaient expier leurs erreurs à l'exemple de leur patronne. Cet établissement appartient aujourd'hui à l'administration des hospices dont les bureaux occupent une partie des bâtimens.

Administration des Hospices.

On est presque effrayé en voyant le nombre de personnes qui viennent à différentes époques recevoir des secours de cette administration, mais en même-tems on admire l'immensité des ressources que la charité procure pour adoucir le sort des malheureux. La régie des biens de toutes les fondations anciennes est aujourd'hui concentrée dans les mêmes mains. C'est ici que partent tous les fonds qui les alimentent, et, d'après le système suivi par la commission, on peut dire que les *pauvres* s'enrichissent tous les ans.

Parmi les objets curieux qui se conservent dans le local de cette administration; on remarque un beau tableau de Vandyck; les portraits des principaux bienfaiteurs des hospices, la hallebarde de Jeanne Maillotte, un tableau fort ancien représentant l'action de cette héroïne repoussant les hurlus. On lit au bas de ce tableau les vers suivans qui peuvent donner une idée de la poésie de ce tems :

Mille cinq cent deux y adjoutant huitante,
Mois de Juillet vingt neufvième jour,
L'ennemi ravageant tout à l'entour,
Embrâsait les faubourgs d'une flamme effroyante.

A l'instant les Archés d'une main vigilante,
Montrant virilement leur extrême devoir,
Firent bendir leurs arcs puis flèches pleuvoir
Sur l'hérétique chef de la troupe nuisante.

Si bien qu'il fut contraint, malgré son hardiesse
Et ses vaillants efforts, esbloui de frayeur
Qu'il apprestoit sur nous à son grand déshonneur,
De fuir lardé de traits d'une agile vîtesse.

Ainsi s'esvanouit la canaille enragée.
Soyons donc hardy comme confrères ont estés,
Puisque par leur valeur la troupe des Archés
A si bien repoussé la bende outre guidée.

Maillotte, leur hôtesse, en vrai amasonne,
Creniant Dieu créateur et haînant les hurlus,

Contre ces hérétiques va s'en courir sus,
L'allebarde enfonstant au corps de leur personne.

Écoles des Frères.

Une partie de cette maison qui a issue par la rue de la *Halloterie* a été mise à la disposition des Frères de la doctrine chrétienne qui y tiennent une école.

Ancienne Synagogue.

A peu de distance et dans la même rue de la Halloterie on voit un petit édifice d'une apparence assez singulière. Il avait été construit depuis la révolution par les soins d'un riche Israëlite ; et je me rappelle y avoir vu, il y a dix-huit ou vingt ans, une partie des autorités civiles et militaires assister à une cérémonie judaïque *en l'honneur de Saint Napoléon.* Cette synagogue qui depuis lors était demeurée assez long-temps sans emploi, vient récemment d'être vendue par le propriétaire à qui elle appartenait.

Pont de l'Arc.

Nous allons trouver ici près, le petit pont

de l'Arc construit sur une des branches primitives de la Deûle et à son entrée dans la ville. C'est presque le seul endroit où elle ait un courant un peu rapide. De belles manufactures d'indiennes en profitent pour le lavage de leurs étoffes.

L'Arsenal.

Cette rivière qui, dans son état actuel n'est pas susceptible de navigation, va baigner un peu plus loin les murs de l'Arsenal ; édifice construit en 1733 sur l'emplacement du temple luthérien, que les hollandais avaient obligé le magistrat de faire bâtir pour leur usage, en 1712. Mais ayant rendu la ville l'année suivante en vertu du traité de paix d'Utrecht, ce temple était devenu inutile jusqu'à la cession par laquelle il fut converti en arsenal.

Religieuses Gardes Malades.

Dans la rue de l'Arc qui est voisine de l'arsenal, il s'est formé récemment une petite communauté destinée à l'instruction des enfans pauvres et au soulagement des malades, que les religieuses vont garder en ville. Elles portent un vêtement noir.

Église de Saint Étienne.

Nous voici maintenant dans la rue qui portait autrefois le nom *des Jésuites* parce que ces pères y avaient leur collège et leur église. Cette dernière est devenu paroissiale par suite de la destruction de l'ancienne église de Saint Étienne. Le portail est assez majestueux quoique vu de trop près à cause du peu de largeur de la rue. L'intérieur n'est pas vaste ; mais son architecture est simple et d'un goût pur. Les côtés du chœur et le fond des deux chapelles sont ornés de **fresques** d'un très-bel effet. Un porche **demi-circulaire** nouvellement construit en dedans de l'entrée donne à l'église un accès plus facile et l'embellit beaucoup par le soin avec lequel il a été exécuté ; mais malgré cela, la nombreuse population de cette paroisse nécessiterait d'autres issues pour éviter l'encombrement dangereux qu'on y remarque tous les dimanches aux heures du service divin. Il suffirait pour cela d'ouvrir deux portes latérales à l'entrée des deux petites nefs et de prolonger les marches extérieures. On aurait alors en tout tems un abord commode et l'on ne serait plus exposé aux accidens qui résultent quelquefois de l'empressement avec lequel les uns veulent entrer tandis que les autres sortent.

Le Calvaire.

Dans la partie du rempart qui est derrière l'église de Saint-Etienne, on a rétabli un calvaire qui existait anciennement. Il est précédé d'un jardin agréable à l'entrée duquel se trouvent une petite chapelle et un corps-de-garde.

Hôpital Militaire.

A côté de cette église on voit un grand et superbe édifice, qui autrefois servait de collège aux Jésuites. Il avait été construit pour cet usage par le magistrat en 1605 en remplacement de celui qu'ils occupaient précédemment rue des malades. Il fut brûlé presqu'entièrement en 1740. Les Jésuites le faisaient rebâtir et il serait devenu un des plus beaux couvens de leur ordre, si, en

1765, il n'avait pas été dissous. Aujourd'hui c'est un hôpital militaire, dont la position salubre, la belle distribution, la grandeur des salles, le jardin qui sert de promenade aux convalescens, la propreté qui y règne et la bonne administration lui assurent un rang distingué parmi les hôpitaux du royaume. On se rappelle que vers la fin de 1813, cet établissement ne pouvant plus suffire pour le grand nombre de malades et de blessés que la retraite de nos armées faisait refluer sur ce pays, il fallut convertir aussi en hôpitaux les églises de Saint-Etienne et de Saint-André. Il en résulta une espèce d'épidémie qui coûta la vie à la plupart des personnes qui y furent employées.

Cet hôpital a acquis un nouveau dégré d'utilité par l'ordonnance du 30 décembre 1814, qui l'a érigé en hôpital d'instruction. Il s'y trouve six professeurs et trois adjoints chargés d'enseigner l'anatomie, la physiologie, la pathologie externe, la pathologie interne, les opérations et bandages, l'hygiène, la chimie pharmaceutique, les opérations pharmaceutiques, la botanique, la matière médicale, la clinique interne et externe.

École de Charité.

Nous ne passerons pas la rue de Béthune (autrefois rue notre-Dame), sans visiter le pieux et utile établissement qui s'est formé sur l'emplacement de l'ancienne maison de Charité, fondée pour les femmes Chartrières On y voit maintenant une école, tenue par des religieuses Carmelites ou *Filles de Sainte-Thérèse*, où quatre à cinq cens enfans pauvres du sexe féminin reçoivent gratuitement une excellente éducation. Excellente parce qu'elle donne à ces jeunes filles toute l'instruction dont elles peuvent avoir besoin dans leur état ; c'est-à-dire les principes de la religion et de la morale ; la lecture, l'écriture, le calcul et les ouvrages de mains. On y laisse aux enfans (ou plutôt à leur famille), la *totalité* du produit de leur travail. Bien souvent même les récompenses que la maison accorde à celles qui se distinguent par leur piété et leur assiduité au travail, consistent en vêtemens ou autres objets nécessaires.

Les religieuses à qui cette institution est

confiée vivent avec la plus rigoureuse austérité. C'est dans le silence du cloître et dans l'isolement le plus absolu du monde qu'elles se consacrent entièrement à former le cœur et l'esprit de leurs élèves, et à nous préparer une génération de femmes laborieuses et de bonnes mères de famille.

Cet établissement ne date que de 1818. Il ne s'est soutenu dans le principe que par les offrandes des personnes charitables. Maintenant il reçoit pour son entretien une somme qui, chaque année, est votée par le conseil municipal; mais malgré ce secours il est encore bien nécessaire que les âmes qui se plaisent aux bonnes œuvres, viennent coopérer à celle-ci.

L'église de cette maison est petite ; mais décorée avec goût. On y remarque un tableau transparent et une gloire formée de différens groupes d'anges, peints par M. Demailly, amateur de cette ville.

Les Hibernois.

Nous touchons à la fin de notre course *intrà muros*, car je ne vois plus rien de remarquable jusqu'au pont des *Hibernois*, près duquel se trouvait une maison fondée en 1610 par Jean-Morel et quelques autres particuliers pour des enfans Irlandais qu'un préfet de cette nation était chargé d'instruire dans la religion, afin de les mettre en état d'aller prêcher l'évangile dans leur patrie. Le nombre des boursiers était fixé à douze ; cet établissement n'était pas riche : on peut en juger par une ordonnance des magistrats du 24 avril 1711 qui défend à tous autres que les enfans *Hibernois* de porter les morts en terre ; attendu que depuis plus de cent ans que ces pauvres enfans étaient établis dans Lille, ils ne vivaient presque que de cette faible ressource.

Bonnes-Filles et Stappaerts.

Dans la même rue où existait ce collége, nous allons trouver l'ancienne maison établie par Antoinette Bourignon et Jean Stappaert. La première, douée d'une imagination fort vive, s'étant jetée dans des écarts condamnables en se livrant à des études théologiques au-dessus de sa portée, dût se réfugier en Hollande où elle donna naissance à une secte remplie d'extravagances. En conséquence, Jean Stappaert conserva seul tout l'honneur de cette utile fondation à laquelle, depuis la révolution, on a réuni celle des *Bonnes-Filles*, instituée en 1477, par quelques personnes charitables. Elles y sont toutes élevées dans de grands principes de piété et dans l'amour du travail. On leur enseigne la dentelle et les autres ouvrages de leur sexe, jusqu'à l'âge de vingt ans, et quand elles sortent, on leur remet un petit trousseau formé du profit personnel qu'elles retirent d'un travail excédant celui auquel elles sont assujetties.

Topographie et Statistique.

Après avoir ainsi considéré toutes choses en détail, arrêtons-nous un moment sur quelques réflexions générales relatives à la topographie et à la statistique

Lille était, avant la révolution, capitale du gouvernement général militaire de la Flandre française, et en particulier, de la Flandre walonne; elle est aujourd'hui le chef-lieu du département du Nord, et la résidence ordinaire du commandant de la 16.ᵐᵉ division militaire. C'est une ville riche, belle et bien peuplée, située à quinze lieues de la mer; à sept, au septentrion, de Douai; à cinq, au couchant, de Tournai; à trois de Warneton, d'Armentières et de Menin; à six, au couchant d'hiver, de Courtrai; et à la même distance, au septentrion, d'Orchies; à treize, au couchant d'hiver, de Gand; à quinze, au levant d'hiver, de Dunkerque; à la même distance, au couchant d'été, de Mons; et à cinquante-deux lieues, au septentrion, de Paris. Elle est placée au 20.ᵉ degré, 44 minutes de longitude, et au 50 degré, 37 minutes de latitude. Relativement à la châtellenie, dont elle était le chef-lieu, elle est assise, à peu près au milieu, sur un canal que l'on nomme *Haute-Deûle*, et qui communique à la Scarpe; il entre dans la ville au couchant d'hiver. En en sortant, il prend le nom de *Basse-Deûle*, et va se perdre dans la Lys, après un cours de trois lieues au-dessous de Lille.

Le pays qui entoure cette ville est très-plat, marécageux, bitumineux et tant soit peu sulphureux. Les sources d'eau depuis la porte de Paris jusqu'à la porte de la Barre, ne sont pas à plus de deux ou trois pieds de profondeur au-dessous de la surface de la terre. L'autre extrémité, dans la direction opposée, devient par gradation plus salubre, plus sèche et moins fangeuse, spécialement vers la porte de Gand. Son sol domine à peine la mer de dix toises quand la marée est basse.

Les eaux de rivière, même de source et de pluie ne sont ni claires, ni limpides. Le principe séléniteux qu'elles contiennent toutes plus ou moins, les rend pesantes et fastidieuses au goût, faciles à se corrompre et de nature à engendrer plusieurs maladies ; on devrait pour les rendre plus légères et plus saines, user du moyen des fontaines à filtres, de la distillation ou de l'ébullition.

Cette ville peut avoir une forte lieue et demie de tour, et une demi-lieue dans sa plus grande longueur. Elle est regardée comme la septième des principales villes du royaume, et, parmi les places fortes, on peut lui assigner le premier rang.

Il en est peu d'aussi bien percée. On y compte vingt sept places ou marchés, près de deux cens rues et un grand nombre de ruelles et de cours ou impasses. Elles sont éclairées à la nuit par des réverbères faits sur le modèle de ceux de Paris.

Les maisons sont presque toutes régulières, et pour la plupart d'un goût moderne, présentant généralement de belles façades à deux ou même trois étages, ayant des caves peu profondes, dans lesquelles, en certains quartiers on loge une quantité prodigieuse de peuple, ce qui nuit considérablement à la santé des pauvres.

On bâtit à Lille, avec une sorte de pierre blanche qu'on tire des carrières de Lezennes, et plus généralement encore avec des briques. Les murs quoique peu épais sont solidement construits.

Les parquets commencent à y devenir en usage ; mais dans beaucoup de maisons encore, de simples voliles jointes proprement les unes aux autres, composent les planchers, et leur entretien se fait au moyen d'un lavage fréquent à grande eau. Les propriétaires de Paris s'effrayeraient d'une semblable méthode ; mais l'expérience a prouvé qu'elle ne pouvait guères être préjudiciable à la durée des bâtimens. On voit néanmoins dans presque toutes les habitations une ou plusieurs pièces pavées avec des carreaux de terre cuite.

Caractère, mœurs et habitudes des Lillois.

Je ne terminerai pas cette petite revue sans ajouter quelques mots sur le caractère, les mœurs et les habitudes de mes compatriotes.

Il en est des peuples comme des individus ; l'isolement ou l'inaction imprègnent en eux avec force le caractère distinctif de leur origine et le transmettent intact de génération en génération. D'autres causes qui tiennent au climat ou à la position topographique, produisent par fois le même effet ; aussi voyons-nous les habitans de certaines villes avoir encore aujourd'hui le même caractère qui distinguait leurs pères il y a dix siècles. La plupart des petites villes ; celles surtout qui n'ont point de commerce sont dans ce cas ; mais Lille qui dès sa formation fut, selon toute probabilité, un amalgame de Flamands, de Saxons et de Français; qui passa ensuite à plusieurs reprises de la domination flamande à la française et de celle-ci à la première; qui eût de tout temps des relations suivies avec les nations étrangères et devint à quelques époques l'asile de leur industrie; Lille, dis-je, ne peut offrir à l'observateur des traits distinctifs qu'elle n'avait sûrement pas à son origine et que d'ailleurs tant de circonstances lui auraient fait perdre. Les généralités qu'on peut y observer, n'ont donc pris leur source que dans la nature du terrain, de l'air, des alimens et autres particularités qui influent plus ou moins sur l'organisation humaine; lesquelles étant sujettes à d'innombrables modifications ne nous donnent aucun point fixe auquel nous puissions rattacher nos observations, si ce n'est en les dirigeant successivement sur les différentes classes de la société.

Celle qui y occupe le premier rang est la moins susceptible d'analyse par les rapports fréquens qu'elle a avec la capitale, dont elle adopte assez ordinairement les usages, en y mettant cependant une certaine circonspection qui la préserve souvent des ridicules que la mode met en faveur. Ses occupations sont peu nombreuses et ses plaisirs fort sédentaires. Quelques visites, un jeu modéré, la promenade à l'esplanade, le séjour de la campagne pendant l'été. Voilà à-peu-près la vie journalière des personnes fortunées qui ne font pas de commerce. Les hommes ont de plus quelques réunions sous le titre de sallons littéraires ou autres, qui leur offrent concurremment avec le spectacle un emploi de leurs soirées. Leur caractère se ressent aussi de ces habitudes tranquilles : il est ennemi des commotions violentes ; doux et sociable dans les temps ordinaires ; mais dénué d'énergie dans les momens de crise.

Une autre classe entièrement distincte de celle-ci est celle qui s'adonne aux grandes opérations commerciales. Non moins fière que la première avec laquelle elle met une sorte d'amour-propre à lutter d'élégance, de luxe et de somptuosité ; elle consacre tout son temps à perfectionner l'industrie ou à lui ouvrir de nouveaux débouchés. C'est encore ici la capitale qui donne le ton et qui règle la manière de vivre. Quant au caractère, il a quelque chose de plus prononcé, quoique sujet à des variations par le plus ou le moins de succès dans les affaires et par les changemens de fortune qui surviennent de temps à autre.

Le commerce mitoyen forme une troisième classe infiniment plus nombreuse que les deux précédentes et qui se compose d'élémens divers par l'incorporation des familles étrangères qu'on voit fréquemment apporter ici leurs pénates. Il en résulte une foule de nuances dans les caractères, les mœurs et les opinions, parmi lesquelles on remarque pourtant une teinte presque générale de *modérantisme*, (s'il est encore permis de se servir de ce mot). Les cœurs sont susceptibles de sentimens généreux ; mais rarement de ces élans involontaires qui nous emportent parfois au-delà des limites de la prudence. Ils peuvent prendre une grande résolution, un parti extrême ou même téméraire; mais il y a cent contre un à parier, qu'un intérêt particulier les y pousse et qu'ils ont un avantage secret à recueillir de ce qui peut aux yeux des autres avoir l'air d'un sacrifice. Ceci résulte naturellement de l'esprit de calcul et de la préoccupation habituelle qui n'a pour objet que les bénéfices du commerce. Quant à la manière de vivre, elle approche quelquefois de la simplicité de nos pères. Trois, ou même quatre repas par jour. De la sobriété dans l'intérieur; mais de l'abondance jusqu'à la profusion dans les réunions de famille qui y sont fort goûtées. Peu de rapports avec les étrangers, à moins que l'intérêt des affaires ne l'exige. Alors l'accueil devient aimable, affectueux, charmant; mais hors ce cas on se borne aux égards de la simple politesse. Les militaires surtout sont très-rarement admis dans l'intérieur des familles, et n'ont guères pour ressource dans leurs momens de loisir que les cafés et le spectacle. Beaucoup de bourgeois fréquentent aussi ces réunions d'amusement et les *estaminets*, qui sont en grand nombre dans la ville. Dans ceux-ci on boit en général modérément en fumant du tabac ou jouant au billard. L'ivrognerie n'est pas le défaut ordinaire des Lillois, si ce n'est parmi le bas-peuple.

Je ne sais si je dois citer comme une classe particulière cette foule d'employés dont les bureaux se peuplent tous les jours depuis neuf heures jusqu'à quatre. Êtres laborieux et passifs, ils n'ont d'habitudes que celles du travail ; d'opinions, que celles de leurs chefs. La morale en vogue est, que celui qui occupe une place doit faire abnégation de toute volonté, de tout sentiment, hors ceux qui lui sont impérieusement prescrits. C'est ici comme partout, et qui voit un bureau connaît tous ceux du royaume.

Enfin, la seule classe dont il me reste à parler est celle des ouvriers, qui compose plus de la moitié de la population de cette ville. Si les bonnes mœurs sont conservées parmi les habitans aisés, mieux que dans toute autre grande ville, en revanche l'immoralité a fait d'effrayans progrès parmi le peuple. Les ouvriers employés dans les fabriques sont fort corrompus, mais on les oblige à travailler assidument. Ceux dits *en boutique*, c'est-à-dire les artisans, joignent la paresse à la débauche, et lorsqu'ils gagnent de bonnes journées ils ne se mettent souvent à l'ouvrage que vers le milieu de la semaine. Les ouvriers publics ou *rivageois* forment une espèce particulière qui ne ressemble en rien aux autres et qui dans sa grossièreté, fruit inévitable du défaut absolu d'éducation, montre un caractère d'indépendance et de loyauté qui depuis plusieurs siècles semble s'être perpétué sans altération. Ils sont partagés en plusieurs ordres ou corporations et souffriraient difficilement que des étrangers vinssent se mêler parmi eux. Ces hommes, qui pourraient être redoutables par leur nombre et la rudesse de leurs mœurs, se laissent facilement conduire parce qu'ils ont des idées droites et un caractère ami de l'ordre ; mais il faut pour cela les connaître à fond. Un commissaire de police, qui a leur confiance et sait s'en faire respecter, exerce sur eux une grande influence. Pour donner une idée de l'esprit qui les anime, il suffit de rapporter le trait suivant : Peu de jours après la bataille de Waterloo un détachement de troupes royalistes fut reçu dans la ville aux acclamations du peuple. Dans le premier moment d'effervescence, il y eut une alerte vers le soir, à l'occasion d'un prétendu complot, et l on arrêta quelques militaires en demi-solde et plusieurs employés à cheval de la Douane. Des patrouilles parcoururent la ville pendant toute la nuit, et la tranquillité ne fut troublée par aucun accident sérieux. Mais dans la crainte de ceux qui auraient pu arriver, les ouvriers rivageois s'étaient partagés entr'eux le service de leur quartier, et gardaient, par des factionnaires armés de longs bâtons, toutes les rues qui avoisinent le rivage, afin d'y maintenir l'ordre et d'y faire respecter les personnes et les propriétés.

Me voici à la fin de ce chapitre et l'on pourrait s'étonner de me voir garder jusqu'à présent le silence sur des objets bien importans, tels que les sciences, les arts et la littérature. Voici mon excuse : ces nobles occupations de l'esprit trouvent sans doute à Lille des partisans ; plusieurs de nos compatriotes les cultivent avec distinction et nous pouvons citer des noms connus avantageusement sous ces divers rapports ; mais, s'il faut le dire, ce sont en quelque sorte des exceptions tout-à-fait en dehors du caractère national. Je n'en apporterai pas d'autre preuve que le peu d'intérêt que le public prend aux productions littéraires ou scientifiques. Il est un peu moins froid pour ce qui concerne les arts ; mais encore faut-il des efforts extraordinaires pour opérer un mouvement sur la masse. Une fois ce premier succès obtenu tout marche au but avec ardeur, comme on l'a vu lors de l'établissement de la société des *amis des arts*, dont l'objet spécial est d'encourager la peinture. Les résultats ont été au-delà de toutes les espérances, ainsi que l'ont prouvé deux expositions successives, les plus belles qu'on ait vues depuis long-temps en province. Mais si l'on ne fait pas chaque fois de nouveaux efforts pour ranimer cette chaleur d'enthousiasme qu'on pourrait presque regarder comme un phénomène, il est à craindre que cette société ne retombe bientôt elle-même dans l'apathie qui semble inhérente au climat.

En résumé, si l'on peut tirer une induction générale de tout ce qui vient d'être dit, le caractère des Lillois a plus de consistance que d'apparence, plus de solidité que d'éclat, et plus de réflexion que de saillies. Le jugement qui les domine, les dirige vers des spéculations lucratives, plutôt que vers les projets brillans. Ils calculent avec lenteur, entreprennent en hésitant, travaillent avec opiniâtreté, et, quoiqu'échauffés par les succès, ils ne se découragent point par les revers. Il suit de cette donnée élémentaire, que leur moralité doit s'accorder avec les principes généraux de l'ordre social et le respect qu'on doit aux intérêts particuliers.

VI.e JOURNÉE.

Fortifications.

Avant de parcourir les environs, il est assez convenable de prendre connaissance des ouvrages qui servent à la défense de la ville, mais cette matière étant aride par elle-même, je me bornerai à une description succinte et abrégée.

L'enceinte tracée par les remparts autour de la ville de Lille est un ovale d'environ

1200 toises dans sa plus grande longueur, sur 600 de large. Elle est percée de sept portes, savoir : au nord celle de St. André, cidevant appelée royale, parce qu'elle a été ajoutée dans l'agrandissement fait en 1670, par Louis XIV. Au levant, les portes de Gand, de Roubaix et de Tournai. Au midi, celle de Paris. Au couchant celles de Béthune et de la Barre. La citadelle est assise au couchant.

Commençons par la droite de la citadelle, la description des différents fronts qui entourent cette place. Entre la citadelle et la porte St. André, il n'y a qu'un demi-front, auquel joint la communication ; il est couvert par des ouvrages extérieurs qui s'étendent jusqu'au pied de l'inondation, dont, dans certaines circonstances, on entoure la citadelle.

A droite de la porte de St. André, est un bastion couvert par un ouvrage à cornes. Le front suivant couvre la porte d'eau par où la Deûle sort de la ville. On le nomme des tenaillons, parce qu'il y a deux ouvrages de ce nom en avant de sa courtine, c'est le front d'attaque des alliés en 1708.

Les deux bastions du corps de la place sont vastes ; l'un d'eux renferme la grande caserne dite de St. André. On trouve ensuite le front de la porte de Gand. C'est au bastion de la gauche de ce front, que se termine l'agrandissement fait par M. de Vauban, en 1670. On doit admirer l'ouvrage à cornes qui couvre le front de cette porte, c'est un des plus beaux ouvrages de fortifications de la ville. Il protège avantageusement les fronts collatéraux ; il y a aussi des cavaliers sur le terre-plein des bastions ; celui de la gauche qui existait lors du siège fait par Louis XIV, en 1667, a beaucoup servi à la défense. Louis XIV voulut voir cette batterie à son entrée dans la ville, à cause du mal qu'elle avait fait à ses troupes pendant le siège : elle était servie par les Canonniers de la ville, et nommée du Meunier, à cause d'un moulin qui était sur le bastion.

La porte de Roubaix, qui est dans le front joignant celui dont nous venons de parler, a remplacé l'ancienne porte dite des *Renneaux* à cause du fort du même nom. Les deux bastions de ce front sont vastes :

sur celui de la gauche est un cavalier, dont les feux plongeans seraient très avantageux pour la défense. Ces bastions sont couverts par beaucoup d'ouvrages : le principal est la lunette de Saint Maurice, qui voit bien tous les dehors. De la porte de Roubaix à celle de Tournai, l'ancien corps de place était fort irrégulier, quoique d'ailleurs il put être protégé par une inondation qui ne serait pas susceptible d'être saignée. En ajoutant plusieurs ouvrages extérieurs, on a mis ce front en état de se passer de l'inondation et d'être indépendamment d'elle, un des plus forts de la place. Néanmoins on a toujours la ressource de cette inondation, qui est formée par un ruisseau nommé le Béquerel. La lunette de Fives protège cette inondation, couvre la porte dont nous allons parler, et défend avantageusement les fronts voisins, dont elle éloigne les attaques.

La porte de Tournai est dans le front suivant; elle a été ordonnée par Louis XIV. On voit dans la gorge du bastion de la droite de ce front, l'ancienne porte dit de Fie ou de Fives, du nom du village où cette porte conduit. C'est par-là que Louis XIV prit la ville, en 1667; c'est aussi sur ce point, qu'en 1792, les autrichiens avaient dirigé leurs batteries.

Le bastion qui suit porte le nom de la noble-tour, comme reste des anciennes fortifications des comtes de Flandres; c'est aujourd'hui un magasin à poudre. Le bastion qui existe a été construit par les espagnols en 1659; mais l'ouvrage à cornes qui le couvre est du maréchal de Vauban. Une partie des pièces qui l'accompagnent est minée ; ce qui, de ce côté, ajoute à la défense. C'est la gauche de la tête qui forme la ville de ce côté : cette tête contient deux fronts séparés au milieu par le petit fort de St. Sauveur, lequel a été construit en 1671, et fermé du côté de la ville, pour en imposer au peuple en cas d'émeute. Il est couvert par une contre-garde et des demi-lunes sur les courtines.

La porte de Paris, en face de la rue du même nom, est l'entrée du côté de la France. Le bastion à droite de cette porte est couvert, commme celui de la gauche de ses fronts, par un ouvrage à cornes. Le corps de place, entre ce bastion et la porte de Béthune, a été considérablement rectifié ; on y a ajouté un bastion et plusieurs ouvrages.

De la porte de Béthune à la citadelle, il n'y a que deux fronts, dans l'un desquels est l'entrée des eaux dans la ville et la porte de la Barre. Cette partie est défendue par des bastions détachés, et de plus couverte par la grande inondation qu'on peut opérer avec la Deûle ; laquelle met sous l'eau tout le pays à plus d'une demi-lieue en avant, entoure la Citadelle et va se terminer à la chaussée de la porte St. André.

La digue, construite en 1699, part de la porte de Béthune, court jusqu'à celle de la Barre, et défend la ville de l'inondation. L'intérieur est une sorte de camp retranché, que l'assiégé peut inonder à volonté. Elle fut, en 1821, plantée de jeunes arbres qui, dans quelques années donneront un ombrage fort agréable, et elle est environnée de jardins dont l'aspect est des plus riants.

VII.e JOURNÉE.

Je n'ai rempli qu'une partie de ma tâche en vous faisant connaître dans les plus petits détails tout ce qui concerne la ville de Lille ; Il me reste encore à vous parler des environs et ce sera le sujet de plusieurs promenades qui ne s'étendront pas plus loin que les limites de l'arrondissement de Lille.

FAUBOURG DE LA BARRE.

Nous commencerons par le Faubourg de la Barre qui est traversé par le canal de Douai et à l'entrée duquel on voit deux belles écluses. Ce faubourg est peu étendu. De grands magasins de bois à brûler, des chantiers de construction pour les bateaux qui naviguent sur la Deûle ; un moulin et quelques habitations à différens usages ; voilà à-peu-près tout le centre du faubourg. Vers la gauche, le terrain est entrecoupé d'une innombrable quantité de fossés et de rigoles, qui ont servi autrefois à l'écoulement des eaux dont cette partie de nos environs était presqu'entièrement couverte ; tous ces compartimens de verdure dont l'aspect est très-agréable à la vue, sont occupés ou par des blanchisseurs de linge ou par des particuliers qui y ont de jolis jardins.

La Fontaine de le Saulx.

C'est de ce côté que se trouvait la Fontaine *de le Saulx*, si célèbre par l'aventure vraie ou fausse de la mère de Lydéric. Des souvenirs intéressans se rattachent quoiqu'il en soit à ce lieu, où le fondateur de Lille a, dit-on, reçu le jour ; mais nous chercherions vainement cette fontaine : son nom seul indique aujourd'hui la place où elle a existé si long-tems.

Le Riez. — Pont de Canteleu.

En avançant dans le faubourg nous trouvons sur la gauche une digue qui communique à celle dont il est parlé dans la journée précédente. En face de nous est un chemin qui conduit au joli village d'Esquermes et au *Riez*, terrain dépendant autrefois de l'église Saint-Pierre et sur lequel les Chanoines permettaient aux bourgeois de Lille *d'envoyer pattre leurs vaches*. Dans les tems de contagion on y transportait aussi les malades à cause de la salubrité de l'air. Cette partie de nos environs est principalement occupée aujourd'hui par des blanchisseurs de fils et de toiles qui tirent un grand parti de leurs près et des fossés qui les entourent.

A notre droite est la chaussée de Dunkerque qui nous conduit d'abord au pont de Canteleu près duquel se trouve une redoute destinée à protéger l'inondation ; à quelques pas de là, on aperçoit une grande manufacture d'indiennes transférée dans ce pays depuis la séparation de la Belgique. De l'autre côté on voit un moulin à scier des planches, situé aussi sur le bord du canal de Douai.

La Maladrerie.

A quelque distance au delà du pont se trouve une route de traverse au coin de laquelle on aperçoit une ancienne chapelle seul reste d'une *maladrerie* ou hôpital de lépreux, fondée en 1462 par le caissier du duc Philippe, en forme de commutation de peine pour éviter d'être pendu.

Route d'Armentières.

De cet endroit nous irons sans nous arrêter jusqu'à Armentières. Nous prendrons plaisir à parcourir cette portion de la route de Dunkerque qui est l'une des plus belles de France. De beaux arbres ombragent partout ses bords. Des sites variés y récréent la vue ; et l'aspect d'un terroir riche en productions de toute espèce, satisfait encore plus le voyageur philosophe qui préfère l'agréable à l'utile.

Armentières.

Nous voici à Armentières chef-lieu de canton à trois lieues de Lille. Cette ville est située sur la Lys, qui féconde ses environs, en facilite le commerce et rend son séjour à la fois sain et agréable. Elle est en quelque sorte environnée de superbes prairies qui sont d'une grande utilité pour blanchir les toiles dont il s'y fait un grand commerce, ainsi que de linge de table, de toile à carreaux, bonneterie, fil de lin, poterie, briques, amidon, savon, sel, etc. On y trouve plusieurs filatures de coton, des tanneries dont les cuirs sont estimés, et un chantier de construction.

L'origine d'Armentières est assez ancienne, car dès le 14.ᵉ siècle elle était déjà citée avantageusement pour son industrie, et elle renfermait beaucoup de fabriques d'étoffes de laine. Mais elle perdit de son importance par des incendies successifs : notamment ceux de 1420, 1467 et 1589. Toutefois elle était encore assez considérable en 1552 pour que Charles-Quint lui accordât les mêmes privilèges que ceux dont jouissait la ville de Lille. Elle était alors assez bien fortifiée et d'une grande importance par sa position, ce qui l'exposa souvent aux horreurs de la guerre. Il s'y trouvait comme à Lille, quatre compagnies bourgeoises de canonniers, d'arbalêtriers, d'archers et d'escrimeurs, sous les différentes dénominations de confréries de Sainte-Barbe, de Saint-Georges, de Saint-Sébastien et de Saint-Michel. En 1667, Louis XIV s'empara d'Armentières et en fit détruire les fortifications. Elle est réunie à la France depuis cette époque.

Cette ville avait autrefois beaucoup d'établissemens religieux. Le père *Marissal* y avait établi un collège où les jésuites enseignaient les humanités. Après la suppression de leur ordre ce collège a passé dans d'autres mains. Il est maintenant converti en collège communal. Le couvent des Capucins avait un jardin qui passait pour un des plus beaux de la province. Il y avait en outre un monastère de Brigittins ; un de religieuses de l'ordre de saint François de Sales ; des Augustines et des Sœurs Grises.

L'hôpital pour les vieillards des deux sexes existe encore ; on y a réuni l'hospice pour les orphelins et les orphelines. Je ne sais par qui ces deux établissemens ont été fondés ; mais le titre *d'Hôpital-Comtesse*, donné au premier dans quelques actes relatifs à l'administration de ses biens, me ferait croire que c'est encore une des nombreuses fondations de Jeanne ou de Margueritte de Constantinople.

La maison de force pour les hommes insensés était dirigée par dix-huit frères *Bons Fils*. En 1813, la direction en a été confiée à la commission des secours, et en 1825 les frères de la charité de l'ordre de *St. Jean de Dieu*, ont été mis en possession du service de cette maison.

Cette ville a de fréquentes relations avec Lille. Plusieurs voitures publiques s'y rendent et en reviennent tous les jours. Un carrosse d'eau transporte les voyageurs et les marchandises à Estaires et à Merville. De plus la diligence de Lille à Dunkerque traverse ses murs.

Enfin il y a, outre l'administration municipale, un juge de paix, un commissaire de police, un bureau de poste aux lettres ; un relais de poste aux chevaux, une boite fumigatoire pour les noyés, et deux pompes à incendie. La population est de 7681 habitans.

VIII.e JOURNÉE.

FAUBOURG DE BÉTHUNE.

Pour bien connaître cette partie agréable et riante de la commune de Wazemmes qui porte aujourd'hui le nom de faubourg de Béthune, qu'on a substitué à celui de Notre-Dame, il faut le voir lorsqu'une population nombreuse se presse, s'entasse et se coudoie dans la grande rue qui le traverse, dans les jolies allées qui le croisent en tous sens et dans les jardins publics, où le bourgeois et l'ouvrier, confondus dans la foule, partagent les mêmes plaisirs. Plus loin le paisible rentier revient avec sa famille du jardin qu'il prend plaisir à cultiver de ses mains. Il y va tous les jours pour soigner ses jeunes plantes, ses arbustes exotiques et même d'ignobles mais utiles légumes, que sa ménagère préfère aux productions superflues de la Guyanne ou du Bengale. Le dimanche il reçoit dans sa petite campagne les amis que le plaisir de la promenade y attire. Il dépouille pour eux ses rosiers et ses parterres; au temps des fruits, il leur fait part des trésors que le soleil mûrit sur ses espaliers, semblable dans cet acte d'hospitalité à ces vertueux patriarches qui offraient les produits de leurs champs à leurs amis et même à tout étranger qui venait les visiter.

Tandis que par cette simplicité de goûts beaucoup d'habitans de cette ville entretiennent dans leurs familles l'amour de l'ordre, de l'économie et des plaisirs vrais de la nature, un grand nombre d'autres se réunissent dans les cabarets dont ce faubourg abonde, pour y passer leur soirée autour d'une table couverte de vases d'étain, les pieds nageant dans la bierre et la respiration presqu'arrêtée par une épaisse vapeur qui leur permet à peine de se distinguer les uns les autres. Si c'est ce qu'ils appellent aller à la campagne, certes ce n'était pas la peine de sortir de Lille.

Cependant il est aussi de vastes jardins où le peuple va prendre un amusement que ne trouble pas la crainte d'être asphixié. Les principaux sont la *Vieille* et la *Nouvelle-Aventure*. La société qui s'y rassemble le dimanche et le lundi offre un mélange agréable des deux ordres civil et militaire. On y voit le sensible grenadier danser avec la respectable cuisinière et le galant sapeur faire walser la romantique brodeuse. C'est là que se forment des liaisons sentimentales qu'on voit quelquefois durer jusqu'au premier changement de garnison.

La Nouvelle Aventure.

Des deux guinguettes que je viens de citer, la deuxième est celle dont l'extérieur est le plus agréable. Une position avantageuse, de jolies terrasses qui s'abaissent en rampe tant du côté de la cour que de celui du jardin; des pavillons; une salle de spectacle; de belles galeries de verdure; différens jeux pour ceux qui ne dansent pas; tels sont les agrémens que l'on rencontre dans ce joyeux établissement; mais ils sont entièrement *accaparés* par une classe qui, pour s'amuser à peu de frais n'est pas celle qui s'amuse le moins.

Eglise de Wazemmes.

A peu de distance de la *Nouvelle Aventure*, on aperçoit un édifice neuf qui mérite une considération toute particulière, puisque c'est la première église qui depuis la révolution ait été élevée dans les environs de Lille (1). Elle a un beau pérystile d'ordre

---

(1) L'église de Fives a été reconstruite avant celle

dorique. L'intérieur correspond à son entrée; mais on trouve les colonnes trop massives et trop rapprochées eu égard au peu d'étendue du vaisseau. A cela près son exécution fait honneur au talent de M. Dewarlez, jeune architecte né à Lille qui a succédé à son père dans la place d'architecte du département.

Cette église est la seule de la paroisse de Wazemmes, qui comprend les faubourgs de Paris, de Béthune et de la Barre, et qui est par conséquent d'une grande importance par son étendue et sa population. L'évêque de Tournai avait autrefois une maison de plaisance dans le faubourg de Béthune. L'électeur de Cologne y fixa aussi son séjour en 1704. Il y eût de grandes réjouissances pour la première messe et la consécration de ce prince, qui eurent lieu dans les années suivantes.

Esquermes.

En suivant la chaussée qui conduit à Bé-

---

de Wazemmes, mais sa position trop rapprochée des ouvrages de la place n'ayant permis de la rebâtir qu'en bois, on ne peut guères la considérer comme un édifice provisoire.

thune, il n'y a presque plus de séparation entre la commune de Wazemmes et celle d'Esquermes, qui la suit immédiatement au moyen des constructions nouvelles qui se font en grand nombre dans cet endroit. Ce motif fait considérer Esquermes comme faisant en quelque sorte partie du faubourg, et il est aussi le but assez ordinaire de promenade des habitans de Lille. On remarque dans cette commune deux grandes maisons d'éducation, l'une pour les garçons, l'autre pour les demoiselles. Cette dernière surtout a pris depuis quelques années un accroissement notable. Les dames qui le dirigent ont fait bâtir dans l'intérieur de la maison une église dont la voûte couverte en zinc s'aperçoit de très-loin par les personnes qui viennent de la route de Béthune.

Notre-Dame de Grâce.

A une petite distance d'Esquermes, et sur le territoire de Loos, était autrefois une chapelle célèbre, que la piété et la reconnaissance s'étaient plû à embellir. Plusieurs auteurs nous apprennent que vers le commencement du seizième siècle, une image de la Ste Vierge avait été placée par les religieux de l'Abbaye de Loos, sur le tronc d'un vieux tilleul dont la tête touffue s'arrondissait en dôme pour protéger à la fois le simple monument et le pauvre villageois agenouillé devant lui. Quelques grâces obtenues du ciel par ceux qui les demandaient avec une véritable ferveur donnèrent à ce lieu une sorte de vogue, et l'on vit s'accroître d'une manière prodigieuse le nombre des pélerins qui, de toutes les contrées voisines, accouraient visiter la *Vierge du vieux tilleul.* La reconnaissance de ceux qui avaient obtenu l'objet de leurs demandes transforma dans la suite le temple de verdure en une chapelle qui fut consacrée en 1591 sous le titre de *Notre-Dame de Grâce.*

Cette chapelle fut détruite dans les premières années qui ont suivi la révolution ; mais l'image sainte fut placée dans l'église de Loos, où elle est encore exposée à la vénération des fidèles. A certaines époques de l'année, et particulièrement le lendemain de Pâques, il s'y porte une affluence considérable que l'église ne peut contenir.

La dévotion n'est pas toujours le motif qui y attire cette joyeuse jeunesse qu'on voit accourir dès le grand matin. Le plus grand nombre n'y trouve qu'un but d'agrément, ce qui donne lieu à des contrastes fort extraordinaires dont le cimetière même est parfois le théâtre. A côté de l'infortuné qui prie, et de la veuve en pleurs, on voit des groupes de jeunes gens qui rient et folâtrent, et des enfans qui jouent aux dés sur la demeure des morts.

L'Abbaye de Loos.

C'est à proximité de ce village que se trouvait l'ancienne et belle abbaye de Loos, fondée en 1146 par Thierry d'Alsace, quinzième comte de Flandres. Cette abbaye, bâtie dans un site agréable et protégée par les souverains du pays qui lui accordèrent divers privilèges, tendit pendant plus de six cens ans vers un accroissement progressif. Elle tirait principalement ses revenus des bois dont elle était propriétaire, et qui l'environnent encore, et ces revenus sagement administrés permirent dans le dernier siècle à l'abbé Delefosse de commencer la construction de l'église et de la maison qu'il ne ne put néanmoins achever, mais que ses successeurs perfectionnèrent au point où elles étaient lorsque la révolution éclata. Tout ce qui était susceptible d'être emporté fut alors enlevé ; quant aux bâtimens on jugea à propos de les épargner, et une partie en fut employée plus tard à l'une des premières tentatives que fit l'industrie française pour s'approprier les découvertes de nos voisins les anglais. Au silence qui avait régné pendant plusieurs années dans ces murs déserts succédèrent le bruit des machines à filer le coton et les chansons grivoises des ouvriers. Mais ce changement n'était pas le dernier que dût subir l'ancien asile des disciples de Saint-Bernard. Les évènemens de 1814 ayant circonscrit les limites de la France, le gouvernement se vit dans la nécessité de chercher un local convenable pour renfermer les condamnés à la réclusion que jusqu'alors on envoyait à Gand ou à Willevoorde. Le choix tomba sur l'abbaye de Loos et elle eût bientôt pour nouveaux hôtes des malfaiteurs que la société rejette de son sein. On les emploie à différentes branches de manufactures établies dans la maison. Une légère portion de leur salaire est remise à leur disposition pour les douceurs qu'ils désirent se procurer, une autre partie est mise en réserve pour leur être rendue à leur sortie et les mettre à l'abri des premiers besoins. Tous les produits et les dépenses de cet établissement sont au compte d'une entreprise à qui le gouvernement en a fait la concession.

On voit encore dans l'intérieur de la maison l'ancienne église qui est fort belle et bien conservée; malgré cela, on n'a fait usage jusqu'à présent, pour le service divin, que d'une galerie incommode et malsaine.

Deux compagnies de vétérans tiennent garnison à l'extérieur, dans une caserne construite à cet effet. Deplus on y envoie chaque jour de Lille un détachement pour renforcer la garde.

Dans le voisinage de cette abbaye est un lieu nommé *Dure-Mort* à cause du supplice qu'on y fit souffrir à un imposteur nommé Bertrand de Rais. Ce malheureux s'était fait passer pour l'empereur Baudouin IX, père de Jeanne de Constantinople ; lequel avait été défait par les bulgares auprès d'Andrinople. Le faux Baudouin s'annonça comme le légitime comte de Flandres, et fut reçu par les peuples à qui le merveilleux offre toujours un attrait puissant ; mais la comtesse ayant envoyé des religieux faire une enquête aux lieux mêmes où avait péri son père, ils rapportèrent que ce grand prince après avoir été pris par Johannic son ennemi, avait eu les bras et les jambes coupés, et que son corps ainsi mutilé avait été jeté dans une fosse profonde où il n'avait expiré qu'après plusieurs jours d'agonie. Jeanne, informée de ces circonstances, eût recours au roi Louis VIII, qui fit comparaître en sa présence le prétendu Baudouin et n'eût pas de peine à le convaincre d'imposture par les questions les plus simples auxquelles il ne put répondre.

Haubourdin.

En remontant le cours de la deûle, sur le bord de laquelle l'abbaye de Loos est située, on arrive à Haubourdin, jolie petite ville et chef-lieu de canton, à une lieue et demie Sud-Ouest de Lille, 5 Nord de Douai et 5

Nord--Est de Béthune. Elle comptait un certain nombre de belles fabriques d'étoffes de laine, dès le quatorzième siècle. Aujourd'hui on y trouve plusieurs tanneries, amidonneries, filatures de coton et blanchisseries. Elle possède un hôpital pour les enfans des deux sexes, et deux pompes à incendie qui sont à la disposition d'une compagnie de pompiers fort bien tenue.

Une diligence et des messagers sont constamment employés pour les communications entre cette ville et celle de Lille, de plus elle est traversée par les barques de Lille et de Douai.

Sa population est d'environ 2000 habitans.

La Bassée.

La dernière ville de l'arrondissement qu'on rencontre sur cette route est celle de La Bassée, qui est aussi le siège d'une justice de paix. L'histoire ne fixe pas son origine; mais tout prouve qu'elle est fort ancienne. Sa position est à trois lieues de Béthune, 2 de Lens, 5 de Douai, 6 d'Arras, et 6 de Lille. Elle était autrefois fortifiée, et les annales militaires font mention des sièges qu'elle a soutenus dans différens temps. Louis XIV qui la prit en 1669, la fit démanteler.

Il s'y fait un grand commerce de toiles fabriquées dans le pays. Elle renferme plusieurs blanchisseries, des tanneries, des filatures de coton et de lin de gros, et des fabriques de savon. On trouve dans ses environs des tourbes très-estimées.

Dans le 13.ᵉ siècle, elle possédait plusieurs belles manufactures d'étoffes de laines, qui occupaient un grand nombre de ses habitans.

Elle a un hospice pour les vieillards et les enfans des deux sexes, un bureau de poste aux lettres, une pompe à incendie, et une boîte fumigatoire pour les noyés.

Elle ne communiquait anciennement par eau qu'avec Lille par un canal creusé aux frais du chatelain de Lille à qui la comtesse Margueritte en avait accordé la permission en 1270. Cette rivière fut commencée en 1271 au moyen d'une contribution de quinze cens livres d'Artois fournie par le magistrat de cette dernière ville à qui en demeura la propriété. Dans l'année suivante Robert de

Wavrin, sénéchal de la comtesse, défendit à ses receveurs de faire payer aucun droit ni impôt sur ce canal qui traversait une grande partie de ses terres. Le commandeur des templiers, Gauthier de Villers, accorda en 1273 la même exemption pour ce qui le concernait. Enfin en 1688, la ville de Lille fit encore le canal de jonction de la Deûle à la Scarpe par lequel la ville de La Bassée pût communiquer avec Douai. Au moyen des dépenses énormes que lui avaient coûté ces deux canaux et des titres de propriété qu'elle conserve encore, Lille en eût la paisible jouissance jusqu'en 1792 que le gouvernement révolutionnaire l'en priva injustement. Depuis lors, cette ville a souvent réclamé contre cette spoliation, mais jusqu'à ce jour elle n'a pu rentrer dans la jouissance de ses droits.

Au reste La Bassée qui dans tous les temps a profité des avantages de ces canaux, vient encore d'en voir ouvrir un autre qui de ceux-ci communique avec Aire, St. Omer et toute cette ligne importante de navigation. Ses rapports commerciaux en acquerront sans doute un grand développement qu'elle n'eût pu espérer dans son ancienne situation.

Cette ville communique encore avec Lille et Béthune par le moyen de plusieurs diligences et d'une malle-poste qui passent dans ses murs.

Autrefois on y trouvait un couvent de religieux Augustins qui avaient un collège où on enseignait les humanités.

Sa population est de 2414 habitans.

IX.ᵉ JOURNÉE.

FAUBOURG DE PARIS.

La première chose qui attire l'attention et excite l'étonnement des voyageurs qui arrivent chez nous de l'intérieur de la France ; c'est la multitude de moulins qui servent comme de garde avancée à notre ville du côté du faubourg de Paris. Que serait devenu l'aventureux Don Quichotte s'il eût trouvé dans la Manche ou l'Andalousie une armée aussi formidable ? Aujourd'hui ces géants ailés au lieu d'inspirer la terreur, sont un objet d'admiration pour l'économiste qui calcule les avantages que le canton en retire, et un sujet de curiosité pour le parisien qui jusques là n'avait rien vu de comparable à Montmartre.

Ce faubourg se compose principalement de deux grandes rues faisant partie des chaussées royales qui conduisent à Paris l'une par Douai, l'autre par Arras. Toutes deux sont constamment encombrées de marchandises et de voitures, dont la plus grande partie est destinée pour la capitale. Celle-ci par la centralisation de toutes les branches de commerce est devenue une espèce de foire perpétuelle où la consommation entre pour peu de chose dans les calculs des spéculateurs, ou plutôt, c'est une grande maison de jeu où tout sert d'aliment à la cupidité des joueurs. C'était trop peu que l'immense partie qui se joue sur la dette nationale, sur les dettes étrangères, sur les canaux et les entreprises de tout genre, il fallait encore engloutir dans ce système gigantesque les marchandises qui paraissaient devoir en être exclues. On joue donc sur les huiles, comme sur les cafés, les sucres, les cotons, etc. Un coup de vent, une gelée décident quelquefois de de la fortune de vingt négocians; en un mot on peut comparer la bourse de Paris à une véritable roulette où le hazard plus que la prescience répand aveuglément d'un côté les faveurs de la fortune, et de l'autre les regrets et le désespoir.

Cette déplorable manie a pu donner aux départemens un débouché proportionné à l'augmentation de leurs produits en huile de graines; mais en retour ils ont reçu de la capitale un funeste présent dans l'exemple des ventes à livrer qui dénaturent entièrement l'esprit du commerce.

Cependant notre faubourg de Paris, qui par l'importance et l'ancienneté de sa fabrication tient toujours la première place dans ce genre d'industrie, ne s'est encore lancé qu'avec modération dans cette nouvelle carrière, et la plupart de nos fabricans d'huiles ont conservé l'excellente tradition de leurs ancêtres de ne vendre qu'au comptant ou tout au plus à quelques jours de crédit. Puissent-ils professer toujours les principes qui ont attiré tant de richesse dans leur faubourg et ne pas se laisser aller à l'esprit de vertige qui a déjà gagné quelques villes de ce département et du Pas-de-Calais et dont les suites ne sont que trop connues !

    Ce qui pourrait ôter toute crainte d'un semblable inconvénient, c'est que l'excès de confiance n'est pas le défaut dominant des fabricans d'huiles du faubourg. Ils ne sont partisans, ni des nouvelles méthodes, ni des chances hasardeuses. Leur extérieur suffirait seul pour convaincre de cette vérité. Voyez, en traversant le faubourg, la plupart des maisons uniformes et sans apparence de luxe. Appuyé sur sa porte coupée, un homme en sarreau bleu fume tranquillement sa pipe en regardant de quel côté vient le vent ; abordez-le, il vous recevra sans beaucoup de politesse, mais avec franchise ; entrez chez lui, vous verrez un joli petit salon fraîchement décoré dont on ne se sert que le jour de la Saint-Clément, et l'on vous introduira dans la cuisine où la famille se tient toute l'année. Quelques plats d'étain, quelques ustensiles de cuivre bien brillans, font la partie la plus pompeuse de l'ameublement ; une armoire vitrée dans laquelle se conservent des assiettes de porcelaine qui ont servi (en parade seulement) à cinq ou six générations, voilà ce qui s'appelle être bien monté en ménage. Vous croyez peut-être alors vous trouver chez un honnête artisan et vous apprenez avec surprise que vous êtes dans l'une des plus riches maisons du faubourg. Toutes, il est vrai ne sont pas semblables à cette description, il en est quelques-unes où l'on remarque une élégance et même un *étalage* qui se ressentent un peu du voisinage de la ville ; mais elles forment le plus petit nombre.

Quant au costume et aux habitudes, il y a très peu de diversité parmi ces messieurs. *L'habit gaulois* (comme l'appelait Bonaparte dans son décret sur la levée en masse) n'a pas cessé d'être leur vêtement ordinaire et presqu'indispensable, et grâce à la fantaisie des merveilleux de la capitale, ils étaient dernièrement à la mode sans s'en douter. Du reste si les habitans du faubourg ont le bon esprit de s'occuper de leurs affaires avant tout, et de ne songer à leur mise que le dimanche : ils n'ont pas la même indifférence pour les plaisirs de la table. L'art de bien vivre pris dans son acception physique, est cultivé chez eux avec succès et l'on assure que c'est une qualité de famille qui se transmet de père en fils.

Seclin.

Si nous suivons la chaussée d'Arras, nous arrivons à travers une campagne presqu'entièrement découverte, mais bien cultivée, dans la petite ville de Seclin, chef-lieu de canton, à deux lieues et demie Sud de Lille et six Nord de Douai. On assure qu'elle a été fondée dans le sixième siècle. Un chapitre de Chanoines qui semblait reconnaître le roi Dagobert pour son fondateur, lui donnait avant la révolution un peu de relief.

L'église qui est assez jolie est sous l'invocation de St. Piat; on y voit le tombeau de ce Saint, qui fut un apôtre du pays. Ce tombeau est placé à l'endroit où il mourut en rapportant lui même le dessus de son crâne qu'on avait coupé à Tournai.

Cette ville est célèbre par le congrès qui s'y tint pour traiter de la paix, entre Philippe , duc de Bourgogne et les gantois révoltés.

Margueritte de Constantinople y fonda en 1247, un hôpital dans le genre de celui de Saint-Sauveur de Lille. Cette utile fondation existe encore. Pendant la révolution elle a continué d'être desservie par des religieuses mais en costume laïc. Celles aux soins de qui il est confié maintenant, forment une des principales communautés de l'arrondissement.

Le commerce de Seclin est à-peu-près borné à celui des lins qui se recueillent et se peignent dans les villages environnans.

Il s'y trouve deux pompes à incendie et un poste télégraphique.

La population est d'environ 2500 habitans.

Faches.

La contrée qui se trouve entre la route d'Arras et celle de Douai n'est pas la moins intéressante de nos environs. On y rencontre d'abord le petit village de Faches qui fut pendant très long-temps *un état indépendant,* dont le seigneur portait le titre singulier de roi des Estimaux. Il était un des quatre pairs *dou Castiel* et avait sa justice souveraine. Il pouvait, quand bon lui semblait tenir ses plaids à Lille dans l'hôtel de le Sauch place Saint Martin, dont l'occupeur était tenu de lui fournir gratuitement tout le mobilier dont il avait besoin. Des actes authentiques du siècle dernier, que j'ai eu sous les yeux, portaient encore parmi d'autres titres : N.... *seigneur de Faches, royaume des Estimaux.* Quant à l'étymologie de ce dernier nom je laisse à de plus habiles le soin de la découvrir.

Templemars.

Un peu plus loin on trouve le village de Templemars ou *Templum Martis,* dont le nom indique que le Dieu Mars y était autrefois l'objet d'un culte particulier. Je ne sache pas cependant que jusqu'à présent on y ait découvert aucune antiquité qui se rapporte à cette illustre origine.

Phalempin.

Voici encore un lieu digne d'exercer toute la docte patience de l'académie celtique. On prétend qu'il tire son nom d'un pin en qui les idolâtres mettaient toute leur confiance et auquel ils adressaient leurs prières. Au rapport de Septime Sévère, ce pin fut renversé par Saint Martin.

Le village de Phalempin est situé en partie dans une belle forêt qui était autrefois du domaine particulier du roi, à cause de son titre de châtelain de Lille, auquel était jointe la seigneurie de Phalempin et qui était entrée dans la maison de Bourbon par l'alliance de Marie de Luxembourg avec François de Bourbon, comte de Vendôme.

Mons-en-Pevèle.

De Phalempin nous pouvons diriger nos pas vers le *Mons-en-Pevèle*, fameux par la bataille qui s'y donna le 18 août 1304, où les Flamands commandés par Philippe de Chietti, furent complétement défaits par Philippe-le-Bel Celui-ci après sa victoire, vint mettre le siège devant Lille, et à peine en eût-il commencé les opérations, qu'une nouvelle armée non moins considérable que la première se présenta de nouveau pour lui livrer bataille. C'est alors que ce monarque, étonné de la promptitude avec laquelle ses ennemis avaient réparé leurs pertes, s'écria: *Je crois qu'il pleut des Flamands.*

Le Moulin de Lesquin.

Si nous nous rapprochons de Lille par la route de Douai, nous ne trouverons plus de sujet de remarque jusqu'au moulin de Lesquin, situé sur une butte qui domine toute la côte au bas de laquelle on voit se déployer une vallée large mais peu profonde. Au centre de cette vallée s'étend la ville de Lille, dont une partie est masquée de ce côté par les innombrables moulins du faubourg de Paris. C'est ici l'un des plus beaux points de vue de nos environs. Cependant il était autrefois en mauvaise réputation, car on attribuait au moulin qui s'y trouve le pouvoir d'opérer un dérangement dans les facultés mentales de ceux qui s'en approchaient de trop près. On disait de quelqu'un atteint d'une sorte d'aliénation imparfaite, que l'on spécifie vulgairement par l'expression de cerveau timbré : *Il a passé au moulin de Lesquin ; il en a reçu un coup d'aîle*. Cette prévention n'est pas encore tout-à-fait détruite, quoique le moulin ait changé de place. Celle où on l'a vu pendant si long-temps n'est plus occupée que par un petit squelette de moulin qui sert à piler des pierres blanches. On peut s'en approcher sans crainte : ses aîles débiles ont à peine la force de tourner sur leur pivot, et leur atteinte ne saurait être dangereuse.

X. JOURNÉE.

FAUBOURG DE FIVES.

La porte de Tournai, anciennement appelée porte de Fives, est l'une de celles qui conduisent en Belgique, et elle a sous ce rapport un mérite tout particulier pour ceux qui fraudent les droits de l'état ou ceux de leurs créanciers. A la sortie de cette porte, on trouve un joli faubourg qui offre des promenades fort agréables pour ceux qui préfèrent une riante verdure à l'éclat des toilettes, et les sinuosités d'un labyrinthe champêtre à de longues allées tirées au cordeau. Ce faubourg a servi de principal point d'attaque aux Français en 1667, et aux Autrichiens en 1792; mais la nature secondant les efforts du cultivateur, a depuis long-temps fait disparaître jusqu'à la dernière trace du ravage qui avait désolé ces champs.

Hellemmes. — Lezennes.

Sur la grande route de Tournai, on rencontre d'abord le village d'Hellemmes qui fut témoin à différentes époques de plusieurs combats, notamment au commencement de 1814, où la fusillade se fit entendre jusqu'à Lille. Sur la droite on aperçoit Lezennes, autre village qui depuis un temps immémorial fournit une sorte de pierre calcaire très-blanche dont on se sert pour bâtir. Les carrières d'où on les tire s'étendent sous une superficie de plusieurs lieues. Ces espèces de catacombes ont souvent servi d'asile à des conscrits qui préféraient s'ensevelir ainsi vivans que de se soumettre à une loi cruelle. Des ouvriers charitables les y nourrissaient et ils bravaient de là toutes les recherches; car on ne peut sans courir de grands risques, s'engager dans cette multitude de galeries qui se croisent en tous sens, à moins qu'on n'ait une parfaite connaissance des localités.

Ascq.

En revenant sur le grand chemin, nous voyons une partie du joli village d'Ascq, dont l'église fort ancienne a été nouvellement restaurée.

Pont-à-Bouvines.

Plus loin est une autre route qui nous conduit au Pont-à-Bouvines, célèbre par la victoire éclatante que Philippe-Auguste y remporta le 27 juillet 1214 sur les forces combinées de l'empereur Othon, du roi d'Angleterre, des ducs de Brabant et de Limbourg, des comtes de Flandres et de Boulogne. Cette époque, si glorieuse pour la France, fut pour Lille, celle de la destruction; mais bientôt la comtesse Jeanne prit le gouvernement de ses états, et le bonheur y reparut avec elle.

Le Mont des Tombes.

A peu de distance de ce fameux champ de bataille, on aperçoit un monticule qui porte le nom de *mont des tombes*. On croit dans le pays qu'il a été formé par la quantité innombrable de cadavres enterrés en ce lieu après la bataille de Bouvines ; mais l'auteur de la *statistique du département du Nord*, le range, peut-être avec plus de raison, parmi les monumens gaulois ou celtiques.

Cysoing.

En suivant ce chemin, nous voici à Cysoing, grand village célèbre par son antique et belle abbaye. Un mur en ruine et à moitié calciné nous indique seul la place où était l'église ; quelques restes d'armoiries, une crosse et la devise *soyons en paix*, font encore reconnaître l'emplacement du chœur dont le fond est aujourd'hui employé à la culture. Des arcades qui semblent sortir de terre, appartenaient à l'église souterraine, laquelle renfermait les tombeaux des religieux et servait même dans quelques occasions à la célébration de l'office divin. Les flammes ont dévoré ce magnifique monument, et ce qu'elles avaient épargné, le marteau l'a fait disparaître à l'exception de ce mur qui ne doit sans doute sa conservation qu'à l'utilité dont il est comme clôture.

De là nous nous rendons dans un enclos immense qui faisait aussi partie de l'abbaye. Mille sentiers délicieux le parcourent dans tous les sens et produisent presqu'à chaque pas les surprises les plus agréables, soit par la disposition du terrain, par les vues charmantes qui s'y trouvent ménagées, ou par les constructions élégantes ou pittoresques qui y sont répandues avec profusion. On y voit des pavillons de différentes formes, des grottes, des ponts rustiques, des ruines qui ne sont pas toutes postiches, car parmi elles se trouvent des chapiteaux, des ogives et des fragmens d'arceaux recueillis dans les débris de l'abbaye. Près de ces vénérables restes on aperçoit deux magnifiques pièces d'eau qui forment avec les jardins qui les entourent, le château qui les embellit, et la perspective qui les termine, une des plus belles vues que l'art puisse opposer aux décorations étalées par la nature dans ses sites favoris.

Dans une partie de ces vastes jardins se trouve un monument qui se compose d'une flèche élancée, de forme pyramidale et triangulaire, dont la base repose sur un socle aussi à trois faces, lequel est surmonté d'une corniche très-remarquable, en ce que malgré sa grande circonférence elle paraît être d'une seule pierre.

Cette pyramide fut élevée par un abbé de Cysoing, pour perpétuer le souvenir du séjour que fit Louis XV dans cette abbaye, immédiatement après la bataille de Fontenoy. A la révolution on a fait les plus grands efforts pour l'abattre; mais son extrême solidité a triomphé de cette rage de destruction.

A quelques pas de là est un tombeau de forme antique et de l'architecture la plus simple. Le lierre qui croît à sa base étend ses flexibles rameaux et le couvre presqu'entièrement de son feuillage funéraire ; mais ces tristes festons destinés à orner la demeure de la mort, sont ici demeurés sans objet. Celui qui s'était plû à préparer pour lui-même ce dernier asile, ne put y faire déposer ses restes. Frappé par la misère après avoir vécu dans la splendeur, il termina ses jours à la porte de ce château qu'il avait fait bâtir, et n'eût pas même la consolation de faire transporter sa dépouille au lieu qu'il avait choisi pour elle.

Lannoy.

Au lieu de suivre la route de Tournai, nous nous en sommes écartés pour explorer la contrée qui se trouvait à notre droite ; mais si nous avions au contraire dirigé nos pas vers la gauche, une belle route nous conduisait directement à Lannoy, ville fermée par une simple muraille et garnie de fossés toujours remplis d'eau. On peut les regarder comme un étang ; car cette eau n'y est amenée par aucune rivière. Elle est située à 3 lieues N. E. de Lille et à 7 lieues N. E. de Douai

On n'a pas de données bien précises sur l'époque de la fondation de cette petite ville. Une tradition, qui s'y est conservée religieusement, la place antérieurement à celle de Lille. Son commerce est aussi fort ancien, et dans le 14.ᵉ siècle ses fabriques d'étoffes de laines rivalisaient avec celles de Tourcoing et de Werwick. Toutefois ce n'était encore qu'un bourg de peu d'étendue et sans aucune clôture ; car il ne fut agrandi et fortifié que par Jean de Lannoy qui, en considération des énormes dépenses qu'il avait faites à ce sujet, obtint de Philippe-le-Bon en 1458 et 1459, des privilèges extrêmement avantageux aux habitans du pays. Le principal était une exemption à perpétuité de toutes tailles aides et subsides, *pour tous ceux et celles de quelque condition qu'ils soient, qui à présent demeurent et ci-après viendront demeurer et tenir leur résidence domestique dedans le fort, pourpris et enclosture dudit bourg.*

Cette ville avait aussi un couvent de Chanoines de S.te Croix, fondé par le même Jean de Lannoy, qui fut gouverneur de Lille, et mourut en 1492. On y trouve encore quelques vieux chateaux, monumens du moyen âge.

Elle est le siège d'une justice de paix et sa population est d'environ 1500 habitans.

XI.e JOURNÉE.

FAUBOURG SAINT MAURICE.

Nous sortirons aujourd'hui par la porte *de Roubaix*, qui portait autrefois le nom de porte *Saint Maurice*. C'est sans doute par un reste d'habitude que nous qualifions de faubourg, le petit nombre de maisons de bois relevées depuis peu hors de la porte de Roubaix. Ces constructions provisoires, qui semblent ne subsister que dans l'attente d'un siège, et que l'on s'efforce néanmoins d'embellir, n'ont nullement l'apparence d'un faubourg. C'est plutôt une espèce de camp-volant, prêt à déménager au premier coup de fusil.

Rien de plus triste en hiver que le faubourg Saint Maurice. Le deuil de la nature y vient prêter une couleur plus sombre aux cortèges funèbres qui doivent le traverser pour se rendre au cimetière, et par qui seul il est fréquenté. Il n'en est pas de même dans la belle saison. Le plaisir de la promenade attire alors beaucoup de monde de ce côté de la ville, à cause des sites agréables et de l'aspect vraiment champêtre de toute la partie du terrain boisé qui s'étend au-delà de la commune de Fives. Par fois une jeunesse bruyante y rencontre au retour le convoi du pauvre, qu'un seul ami accompagne à sa dernière demeure : les ris cessent, l'enfant suspend ses jeux et s'incline devant cette dépouille qu'une sorte d'instinct lui apprend à respecter ; le vieillard se détourne comme pour écarter une image importune, qui lui rappelle le terme inévitable dont il approche à regret ; l'homme dans la force de l'âge, indifférent à ce spectacle, le contemple froidement de la porte d'un cabaret où il va chercher dans l'intempérence, l'oubli du passé et l'insouciance de l'avenir. Telles sont les scènes ordinaires dont nous avons été mille fois témoins.

Cimetières.

Je ne ferai aucune réflexion sur l'état actuel du vieux cimetière, que la sûreté de la place a privé de ses murs de clôture. La multitude d'inconvéniens graves qui résultaient de ce défaut a déterminé l'administration municipale à faire l'acquisition d'un nouveau terrain situé sur la hauteur dite *le Dieu de Marcq*, et par conséquent hors des limites des fortifications. On doit très-incessamment mettre à exécution l'un des projets présentés à ce sujet et dont voici les principales conditions : ce nouveau lieu de sépulture sera environné de murailles et aura deux entrées, dont l'une sera décorée d'un portique. Dans l'intérieur s'élevera une chapelle et un calvaire ; ainsi l'azile de la prière étendra sa douce influence sur le champ de la mort. Des logemens convenables seront construits pour le chapelain et le fossoyeur. Le premier exercera sa surveillance sur le nouveau et l'ancien cimetière ; car celui-ci ne sera pas entièrement abandonné. Un gardien y veillera à la conservation des monumens et épitaphes qui y existent et à préserver de toute profanation les restes qui y sont déposés.

Roubaix.

Reportons maintenant nos idées sur des sujets plus agréables. La route qui passe près de cet ancien cimetière nous conduit à Roubaix, chef-lieu de canton, à 2 lieues et demie Nord de Lille, 4 et demie N. O. de Tournai et 9 N. de Douai.

Si l'on ne considérait l'importance d'une ville qu'en raison de son étendue territoriale, celle de Roubaix, malgré l'accroissement remarquable qu'elle a pris depuis quelques années, n'obtiendrait encore qu'une place très-secondaire parmi les douze ou quinze cents villes disséminées sur la surface de la France; mais il n'en est pas ainsi. La statistique a dans ces derniers tems assigné les rangs d'une manière plus convenable. Elle a tout évalué, tout analysé, depuis le plus humble hameau jusqu'à la plus orgueilleuse cité, et ce n'est plus avec des chiffres qu'on procède à l'estimation politique d'une contrée. Aujourd'hui on fait entrer en ligne de compte l'activité laborieuse qui double les produits du sol et l'intelligence qui les améliore; l'industrie qui donne à la matière mille formes utiles ou agréables, et celle qui lui ouvre des débouchés avantageux.

Sous ce dernier point de vue, Roubaix mérite une attention toute particulière dans la géographie commerçante; son nom, plus heureux que ceux de beaucoup de grandes villes, parcourt avec honneur toute l'étendue du royaume. Il franchit les Alpes, les Pyrénées et ne s'arrête peut-être pas même au pied des colonnes d'Alcide. Ce n'est pourtant ni au caprice d'une muse ni au babil d'une infidelle renommée que ce nom est redevable de tant d'éclat. Il est tout simplement inscrit sur de grossiers ballots et porté sur de lourdes voitures, équipages moins brillans que le char pompeux de la gloire ; mais qui arrivent bien plus sûrement à leur destination.

C'est surtout aux approches du printems que le génie inventif des fabricans de Roubaix s'ouvre chaque année une vaste carrière ; plus rapide dans ses conceptions, que la mode dans ses changemens, il prévient son inconstance et lui donne à peine le tems de s'arrêter un jour sur chacune de ses pensées ; en offrant sans cesse un aliment à cette mobilité de goûts qui caractérise particulièrement le français, Roubaix s'est acquis à la fois du renom et des richesses, deux avantages qui marchent rarement de compagnie.

Le mouvement continuel que répand dans cette ville l'importance de son commerce, lui donne un aspect de fraîcheur et de nouveauté qui surprend au premier abord. Toutes les maisons en sont propres, la plupart grandes et bien bâties; une sorte d'élégance approchant du luxe en distingue même plusieurs; mais cette inégalité ne s'étend pas jusqu'aux enseignes de dimension uniforme, placées au-dessus de presque toutes les portes et qui, par leur exiguité, nous rappellent ce temps où le commerce ne consistait pas à faire la parade sur sa porte comme les bateleurs de la foire.

A cela près de ces enseignes et du millésime de 1471 qu'on lit au bas du clocher, on prendrait Roubaix pour une création de ce siècle. En effet on y rencontre un grand nombre de constructions commencées et pas un souvenir historique. Le jour qui vient semble emporter la trace de celui qui l'a précédé. C'est la ville *du moment*; on s'y souvient à peine de la veille. Aussi jamais le voyageur curieux ne se détourne-t'il de sa route pour y admirer des monumens ou fouiller de vénérables ruines; il n'y vient chercher que des affaires ou du plaisir.

On a établi dans cette ville un conseil de

prud'hommes; une chambre consultative des manufactures, fabriques, arts et métiers. Un corps de pompiers y est organisé depuis quelques années. Une musique militaire composée d'un grand nombre d'amateurs s'y fait remarquer par sa belle tenue et son exécution qui lui ont déjà valu différentes médailles dans des concours voisins et même dans celui de Dunkerque. Il s'y trouve aussi un hôpital pour les vieillards et les enfans des deux sexes.

La population de Roubaix qui n'était en 1806 que de 8724 habitans est maintenant évaluée à 15,000, dont un tiers d'ouvriers belges, que la détresse des manufactures dans leur pays, a obligé de venir chercher du pain en France, où l'on tire un grand parti de leur industrie. Ils sont cependant d'un caractère difficile et ont souvent des rixes sérieuses avec les ouvriers français.

Je ne dois pas omettre qu'il existe à Roubaix une fort belle collection de médailles tant anciennes que modernes. Elle appartient à M. Hochart qui se fait un plaisir de la montrer aux amateurs.

Tourcoing.

Une petite distance sépare deux des villes les plus manufacturières du nord de la France. En quittant Roubaix nous traversons une contrée charmante par la variété de ses sites, et nous voici à Tourcoing. Je ne parlerai pas de la rivalité qui existe entre ces deux villes. Cette rivalité, qu'aucun excès n'a jamais rendu blâmable, a au contraire souvent tourné au profit de leur industrie. Celle-ci s'exerce en grande partie sur les mêmes objets; cependant Tourcoing s'occupe en outre et d'une manière très étendue de la peignerie et de la filature de la laine blanche nommée *sayette*. On l'emploie ensuite à une infinité de sortes de tissus, soit pure laine, soit laine et fil, ou laine et coton. Cette ville a aussi une chambre consultative des manufactures, fabriques, arts et métiers. Sa population va toujours croissant, et l'on y bâtit sans cesse comme à Roubaix; mais les ouvriers étrangers y sont difficilement admis, surtout les flamands.

Celui qui ne connaîtrait les Tourquennois

que par les chansons qui courent le pays, en aurait une idée fort bizarre et ne pourrait se figurer en parcourant les rues de Tourcoing que c'est là le *bourgage* dont parle le *Vadé* de Lille. Presque toutes les maisons y ont un extérieur agréable. De belles fabriques en nombre considérable donnent à cette ville un air vivant et animé. L'hôtel de ville a été agrandi depuis quelques années. Il offre maintenant une façade régulière qui sert d'ornement à la grand'place. L'église saint Christophe qui est la plus ancienne de l'endroit, est grande et bien ornée. Celle de saint Jacques, appartenant autrefois aux récolets, est plus petite ; mais très-remarquable par les embellissemens continuels qui s'y opèrent. Elle renferme de bons tableaux de différentes écoles. Tourcoing possède aussi un hospice pour les vieilles femmes, servi par des religieuses. Le collège, ou l'on enseigne les humanités, est très bien tenu. Un ecclésiastique en a la direction.

Les Tourquennois ont le caractère calme, ami de l'ordre et du travail. Ils sont peu enclins à la nouveauté et conservent pour la plupart les idées du vieux temps. La fidélité au roi, l'esprit religieux et les bonnes mœurs sont les traits distinctifs qui les caractérisent. En butte parfois aux railleries des Lillois, ils prennent leur revanche dans les opérations commerciales pour lesquelles ils ont une aptitude toute particulière.

L'origine de Tourcoing n'est pas connue; mais ses manufactures étaient déjà citées avantageusement dans le 12.ᵉ siècle, lorsque Philippe d'Alsace, comte de Flandres, obtint pour ses sujets le privilège d'aller trafiquer librement dans les principales villes d'Allemagne. Depuis lors cette ville a été plusieurs fois exposée à des incendies considérables, notamment en 1477, 1607 et 1711. Ce dernier incendie fut occasionné par le feu des cartouches, qu'un parti français tira pour honorer le Saint-Sacrement, dont on faisait la procession le jour de la Fête-Dieu. Les toits de paille qui couvraient alors la majeure partie des maisons, rendirent cet incendie plus désastreux.

On remarque encore auprès de l'église St.-Christophe l'emplacement de l'ancien château des ducs d'Havré, seigneurs de Tourcoing. Il n'en reste plus que les fossés et quelques fragmens que l'on a incorporés dans le bâtiment moderne élevé sur ses ruines.

La population de Tourcoing est de 14,661 habitans.

La Marcq.

A notre retour de cette ville nous passons *la Marcq*, petite rivière qui prend sa source dans les bois de Phalempin, et se jette dans la Deûle à Marquette. Une partie de son cours doit être incessamment rendue navigable et former un canal qui sera continué en passant par Tourcoing et Roubaix, traversera la frontière, et unira la Lys à l'Escaut.

Le commerce attend de grands avantages de ce canal.

Grande fabrique de Marcq.

Près du pont établi sur la petite rivière dont je viens de parler, on remarque une immense manufacture construite et établie par une compagnie anonyme pour la filature de la laine et plusieurs autres branches d'industrie. Une belle machine à vapeur en est le moteur général.

Faubourg de la Magdeleine.

Enfin nous rentrons en ville par le faubourg de la Magdeleine qui n'offre aucune particularité intéressante, et que par conséquent nous traverserons sans nous y arrêter.

XII.ᵉ ET DERNIÈRE JOURNÉE.

SAINT-ANDRÉ.

Il ne nous reste plus à parcourir que les diverses routes qui aboutissent à la porte saint-André. La ville n'a presque point de faubourg de ce côté; car on ne peut guères appeler de ce nom, la petite commune de saint André, dont une grande partie, composée de paturages, doit être en cas de siège inondée pour couvrir les dehors de la citadelle.

Marquette.

Une avenue dont l'entrée se trouve dans ce village, conduit en droite ligne à l'ancienne et célèbre abbaye de Marquette, ou du moins à la place qu'elle occupait. Cette abbaye fut fondée en 1226 par Jeanne de Constantinople, qui y prit elle-même le voile et termina sa carrière en 1245. On n'en trouve plus aucun vestige, si ce n'est la porte qui se trouve en face de l'avenue. La Deûle traverse le village où était situé ce monastère, et ses bords offrent des promenades charmantes.

Quesnoy.

En suivant le cours de cette rivière, nous rencontrons Wambrechies qui est aussi un fort joli village et notre course aboutit de ce côté à Quesnoy, petite ville à 2 lieues et demie N. O. de Lille. On y fait le commerce de toiles et de lin de gros. Un château dont on aperçoit encore les fondations faisait la principale force de Quesnoy. Le coup d'œil que présente ces ruines baignées de tous côtés par la Deûle est très-pittoresque.

La population de cette ville est de plus de 4000 habitans.

Deûlémont.

Un peu plus bas se trouve le village de Deûlémont, au confluent de la Deûle et de la Lys.

Cette dernière rivière, qui dans une partie du département sert de limite entre la France et les Pays-Bas, a sur ses bords deux villes fort anciennes : Werwick et Comines. Toutes deux sont pour ainsi dire à cheval sur la Lys, et se partagent entre les deux royaumes limitrophes.

Wervick.

Wervick est à 4 lieues N. de Lille et 3 lieues S. E. d'Ypres. La partie française dépend du canton de Quesnoy. Cette ville est rappelée dans l'itinéraire d'Antonin. On assure que l'église Saint-Martin, qui subsiste encore, fut un temple dédié à Mars. Cet édifice et les médailles des empereurs trouvées à différentes époques dans les fouilles, prouvent assez qu'elle fut habitée par les Romains.

Souvent exposée aux horreurs de la guerre, elle fut à différentes reprises, saccagée et incendiée : 2009 maisons furent réduites en cendres en 1116 ; 2260 fabriques eurent le même sort en 1460 ; et depuis cette époque ; Wervick n'a pu réparer ses pertes ni se relever.

Elle fut long-temps l'une des villes les plus commerçantes de la Flandre. Elle était célèbre par ses nombreuses fabriques d'étoffes de laine et l'excellence de sa teinture. Au commencement de la révolution, les manufactures de tabac y étaient en grand nombre.

Dans le temps de sa splendeur, ses foires étaient si fréquentées que l'approvisionnement en vivres était l'objet d'une sollicitude continuelle.

Le lin et le tabac sont aujourd'hui les principaux objets de son commerce.

La population de Wervick sud, c'est-à-dire de la partie française, qui est la moins considérable, est d'environ 1300 habitans.

Comines.

A une petite distance de Wervick on voit Comines, qui est aussi d'une grande ancienneté. Saint Chrysole, apôtre du pays, y mourut martyr en 303. Jean de la Clyte, chevalier de la toison d'or et seigneur de Comines, y fit bâtir un château fortifié pour défendre la ville contre les incursions des Anglais, et dès cette même année une foule de manufacturiers vinrent se placer sous la protection du fort, en établissant à Comines plus de mille métiers à tisser les draps et autres étoffes, ainsi que plusieurs fabriques de chapeaux. Mais vers le milieu du 17.º siècle, cette ville ayant été prise et reprise plusieurs fois par les Français et les espagnols, le maréchal d'Humières qui s'en empara en 1667, fit sauter le château, dont il ne reste plus aujourd'hui qu'un pan de mur d'une épaisseur prodigieuse que l'on conserve comme un souvenir historique.

Cette ville s'honore d'avoir donné naissance au célèbre historien, Philippe de Comines. On croit aussi qu'elle fut le berceau d'Auger de Busbech, ou Bousbecques, non moins fameux par ses ambassades et les relations qu'il en a publiées.

L'église de Comines est dans la partie Française, on y trouve entr'autres choses remarquables, l'épitaphe suivante.

EPITAPHIUM :

Doctissimi viri J. Despauterii quondam
Lucius oppidi Ludi magistri
Hic jacet unoculus visu praensantior argo
Flandrica Ninive quem protulit at carnit
Obiit.-- Anno 1524 -- Requiescat in pace.

Ce *Despautère*, qui a ce qu'il parait étai borgne, fut un grammairien célèbre pour ce temps. Il avait été attiré par George d'Halluin, seigneur de Comines, qui, suivant *Guichardin*, était lui-même un gentilhomme très savant et qui mettait son ambition à recueillir chez lui un bon nombre de doctes et vertueux personnages.

Il y avait autrefois dans cette ville des récollets, une maison de force pour les femmes insensées, dirigé par vingt quatre religieuses dites Sœurs-grises, et un hôpital pour les malades, servi par des religieuses de saint Augustin. Celui-ci existe encore.

Le commerce est peu important, cependant on y fabrique des toiles à matelas, des mouchoirs de coton, des rubans et des cordons de fil, etc. Les tanneries de Comines sont en réputations.

Sa population est de

De Comines il ne nous reste plus qu'à revenir à Lille sans nous arrêter dans le trajet, et nous voilà au terme de nos excursions. Je ne sais, cher lecteur, si j'ai pu vous les rendre agréables ; mais j'ai du moins la conviction que le sujet offrait par lui-même assez d'intérêt pour toute personne qui aime à s'instruire. Que l'étranger en me lisant désire parcourir les lieux que j'ai décris et qu'il emporte en nous quittant une opinion avantageuse à notre pays; voilà le but que je me suis proposé. Cependant l'orgueil national ne m'a point porté à embellir mes tableaux par des couleurs mensongères. J'ai peint d'après nature et pour mieux me dépouiller de toute prévention, je me suis efforcé d'oublier que j'étais Lillois. Je reprends maintenant ce titre avec plaisir, et je ne crains pas d'avancer qu'il y a quelque honneur à s'en prévaloir.

DE L'ARRONDISSEMENT DE LILLE.

L'arrondissement de Lille est composé de 129 communes dont 11 urbaines. Il est divisé en 16 cantons :

SAVOIR :

Chefs-lieux.		*Chefs-lieux.*	
Armentières, qui a	6 Comm.	Lille (ouest) qui a	4 Com.
La Bassée	11 idem.	Pont-à-Marcq	15 idem.
Haubourdin	16 idem.	Quesnoy-sur-deûle	8 idem.
Lannoy	16 idem.	Roubaix	4 idem.
Lille (nord-est)	3 idem.	Seclin	16 idem.
Lille (centre) compris Lille	2 idem.	Templeuve	14 idem.
Lille (sud-est)	3 idem.	Tourcoing (nord) compris Toucoing	6 idem.
Lille (sud ou est)	2 idem.	Tourcoing (sud)	3 idem.

C'est un pays de plaine, qui ne présente d'inflexions remarquables que le côteau de Mons-en-Pévèle, dont la direction est du N-O au S-E, le mont Ecouvé sur la route de Lille à Douai, et le mont de Wervick. Sa superficie est de 90,410 hectares (45 ¾ lieues carrées de 25 au degré), qu'on divise comme suit :

En bois 3,639 30
En jardins 3,092 32
En plaines, montagues incultes, routes, maisons et usines 5,510 28
En mines et carrières 3 00
En eaux courantes et étangs 535 97
En Marais 1,255 04
En prairies naturelles et artificielles 10,303 61
En terres labourables. 66,070 48

Population.

L'arrondissement de Lille compte à peu près 300,000 habitans. Cette immense population comparée à son étendue, donne à l'arrondissement plus de 6500 personnes par lieue carrée.

Climat et température.

Le climat de l'arrondissement de Lille est froid ; son sol est bas et en partie marécageux. Les rivières et les ruisseaux nombreux qui le traversent en tous sens, et les brouillards qui s'élèvent fréquemment, entretiennent une grande humidité dans l'atmosphère ; aussi les hivers, dont la durée est d'environ six mois, sont-ils plus humides, pluvieux et brumeux que secs. Le printems est tardif; mais aussitôt qu'il a fait sentir son influence, la terre commence à se couvrir des plus riches productions, et dès qu'elle est échauffée par le soleil, la végétation devient d'une force étonnante. L'automne est ordinairement assez belle.

Les observations météorologiques faites pendant dix ans, ont fait connaître que la quantité moyenne de l'eau qui tombe chaque année, en y comprenant le produit de la neige et de la grêle, est de 27 pouces 9 lignes;

Que le nombre moyen de jours pluvieux pendant une année, est de 163;

Que le terme moyen du plus grand froid est (au thermomètre du Réaumur) de 8.°, 7, et celui de la chaleur, de 26.°, 88;

Que les vents qui règnent le plus habituellement sont ceux O, N-O et S-O.

Le changement rapide des vents fait passer subitement du froid au chaud, et il n'est pas rare de voir une journée très chaude suivie d'une autre assez froide pour exiger du feu dans les appartemens. Les orages ne sont pas fréquens.

FOIRES ET FRANCS-MARCHÉS MENSAIRES. (273)

COMMUNES ET DURÉE.	ÉPOQUES DE LA TENUE.	POUR QUELS OBJETS
ARMENTIÈRES, un jour.	9 Mai. . . . . 18 Juin.	Toutes marchandises et notamment toiles, nappes, serviettes.
	1.er Lundi de sept.	Bêtes à cornes et porcs.
	1.er Lundi de chaque mois, excepté mai, juin et sept.	Bestiaux et grains.
LA BASSÉE, deux jours.	19 Janvier . . . . 19 Avril. . . . . . 19 Juillet. . . . . 19 Octobre	Le 1.er jour, toiles et grains; les deux jours, toutes marchandises, chevaux, porcs et bêtes à cornes.
	2.e mardi de chaque mois, un jour seulement	Bestiaux, toiles et grains.
COMINES, un jour.	Le 1.er jour de marché après la saint Denis.	Toutes sortes de marchandises et de bestiaux.
CYSOING, neuf jours.	Le mardi après l'ascension. . . . . 2.e jeudi de chaque mois, un jour seulement.	Toutes sortes de marchandises et de bestiaux.
LANNOY, cinq jours.	Le 2.e Dimanche d'octobre . . .	Pour les porcs et les étoffes fabriquées dans cette ville.
LILLE, neuf jours.	Le 29 août	Toutes sortes de marchandises.
ROUBAIX, deux jours.	Le mardi après le 1.er dimanche de septembre. . . .	Toiles, saquins, jouets d'enfans, porcs et pain d'épices.
TOURCOING, La 1.re 3 jours, La 2.e 9 jours.	Le 11 Juin	Laines, bêtes à cornes et chevaux.
	Le 25 Juillet . . .	Toutes sortes de marchandises.

Marchés Hebdomadaires.

COMMUNES.	JOURS.	POUR QUELS OBJETS.
Armentières.	Lundi..... Vendredi..... Samedi après-midi.	Gr., fil, beurre légum. Beurre, légum., volaill. Toiles et linge de table.
La Bassée.	Mardi..... Jeudi..... Samedi.....	Grains, beurre, légum. Grains, beurre, légum. fil et quincaillerie. *Idem.*
Comines.	Lundi..... Jeudi.....	Beurre et légumes. *Idem.*
Cysoing.	Mardi..... Samedi.....	Grains, beurre, légum. Beurre, légumes.
Lannoy.	Mardi..... Jeudi..... Samedi.....	Beurre et légumes. Grains et légumes. Beurre et légumes.
Lille.	Mardi..... Mercredi..... Jeudi..... Samedi..... Tous les jours.	Porcs. Grains, bestiaux, chevaux, beurre, légum. volailles, lin, fil, toile, mercerie et friperie. Veaux. Légumes, beurre, lin, fil de lin, mercerie et friperie. Fruits de la saison.
Linselles.	Vendredi.....	Beurre et légumes.
Quesnoy sur-deûle.	Jeudi.....	Beurre et légumes.
Roubaix.	Mardi..... Jeudi..... Samedi.....	Grains et légumes. Beurre, légum. viande. *Idem.*
Seclin.	Samedi.....	Beurre et légumes.
Tourcoing.	Lundi..... Mercredi..... Samedi..... Jeudi.....	Beurre et légumes. *Idem.* *Idem.* Grains, **beurre**, légum.

Table des Matières.

Administrations, Bureaux, etc.

Administration Municipale.   Page 137
Archives du Département.   43
Archives de la Mairie.   149
Bureaux de la Mairie.   142
Bureaux de Police.   152
État-Civil.   142
État-Major de la Place.   Ibid.
Garantie et Contrôle.   154
Hospices (Administration des).   185
Octroi municipal.   138 et 152
Poids et Mesures.   154
Préfecture.   161
Quartier Général de la 16me division milit.   103
Secrétariat de la Mairie.   139
Tabellion.   151

Canonniers sédentaires.   59
Caractère et mœurs des habitans de Lille.   199
Commerce.   115

Cultes non catholiques.

Ancienne Synagogue.   187
Temple des protestans.   38

Édifices publics (Voyez Monumens).

Église de Saint-André.	Page 164
Sainte-Catherine.	158
de Saint Étienne.	189
de la Magdeleine.	65
de Saint-Maurice.	23
de Saint-Sauveur.	20

Établissemens publics, fondations pieuses, couvens et édifices détruits ou changés de destination.

Abbiette.	39
Ancienne Salle de Spectacle.	141
Bapaumes.	76
Bureaux des Finances.	156
Capucins.	11
Capucines.	64
Carmes Déchaussés.	63
Chapelle des ducs de Bourgogne.	154
Chambres des comptes.	156
des gardes.	152
Saint-Michel.	80
Notre-Dame de la Treille.	84
de la Trinité.	11
Cirque.	108
Collège de Saint-Pierre.	104
Dominicains.	108
Église de Saint-André.	101
Saint-Étienne.	109
de Saint Pierre.	83

Fontaine au Change.	Page 111
Hébernois.	193
Hôpital Comtesse.	73
des Grimarets.	109
Saint-Jacques.	56
Hôtel du Gouvernement.	40
Jésuites.	190
Maison du Saint-Esprit.	67
Minimes.	184
Mont-de-Piété Masurel.	69
Noble famille.	184
Pauvres Claires.	11
Récollets.	44
Sœurs de la Magdeleine.	184
de Saint-François de Sales.	64

Etablissemens publics existans.

Académie royale de Musique.	87
Arsenal.	188
Douanes Royales.	108
Ecoles Académiques de dessin et d'architecture.	78
Femmes en démence.	39
Fours de munitions.	183
Hôpital militaire.	190
Hôtel des Monnaies.	72
Loterie.	147
Magasin pour l'artillerie.	63
d'effets militaires.	184

Magasin des Hôpitaux Militaires.	Page 62
Maison de Santé.	11
Manufacture des tabacs.	67
Mont-de-Piété.	70
Parc d'Artillerie.	167
Poste aux lettres.	161
aux chevaux (Place du Lion d'Or).	
Prison dite Petite-Hôtel.	132
Militaire.	102
du Raspulc.	79
Raffinerie de Salpêtre.	11
Salle du Concert.	86
Spectacle.	35
Télégraphe.	160

Fondations pieuses existantes.

Le Béguinage.	102
Bleuets.	73
Bonnes-Filles et Stappaerts.	94
Carmélites.	192
Frères de la doctrine chrétienne.	62 et 187
Gardes-malades.	188
Hôpital Comtesse.	73
Gantois.	11
Général.	94
Saint-Sauveur.	17
Vieux-Hommes.	73
Fête de l'épinette.	125

(279)

Foires et marchés.

Boucheries.	123
Foire de Lille.	121
Foire de l'arrondissement.	
Halles.	34
Marchés mensaires.	
hebdomadaires.	
Marché aux bêtes.	99
au beurre et à la volaille.	44
au charbon.	99
au fil de lin.	32
aux fleurs.	111
aux fruits.	86
aux grains (Voyez Grand'Place).	
aux légumes (Grand'Place, place de la Housse et Marché au Verjus).	
aux poissons.	

Fortifications.

Citadelle.	177
Digue.	213
Fort Saint-Sauveur.	16
Fortifications.	208
Redoute de Canteleu.	216
Remparts.	183

Monumens et édifices publics.

Abattoirs.	100
Nouveau Beffroi.	148

Bourse.	113
Casernes des Buisses.	43
de la porte de Paris.	
de la Magdeleine.	67
de Saint-André.	101
de Saint-Maurice.	43
Clocher de l'Hôpital Comtesse.	77
Conclave.	147
Corps de garde de la place.	129
Façade du Musée	46
du Manège.	172
Grand magasin.	165
Hôtel d'Avelin.	56
des Canonniers.	59
de la Gendarmerie.	64
de l'intendant (Voyez préfecture).	
de la Mairie.	131
Magasin aux Fourrages.	99
du Matériel des fêtes.	101
à poudre.	43
	174
Manège de la ville.	172
pour la cavalerie.	183
Moulin du Château.	71
de Comtesse.	Ibid.
Pont de l'Arc.	187
de Berry.	172
Neuf.	67
de Phin.	32

de la porte de Paris.	9
de Roubaix.	105
Saint-Jacques.	56
de Weppes.	156
Porte de Béthune.	213
de la Barre.	182 et 213
de Gand.	63 et 210
de Paris	7 et 212
de Roubaix.	210
Saint-André.	166 et 209
de Tournai.	40 et 211
Porte d'Eau de la Basse-Deûle.	98
de la Haute-Deûle.	183
de l'Esplanade	173
Salle des Spectacles.	35
Tour Saint-Pierre.	102
Saint-Maurice.	23

Ordre judiciaire.

Tribunal civil.	138
de Commerce.	133
de Simple Police.	153
Conseil des Prud'hommes.	143

Paroisses.

Paroisse Saint-Maurice.	23
Saint-Étienne.	189
Saint-Sauveur.	12
Sainte-Catherine.	157
La Magdeleine.	65
Saint-André.	162

Rues, places, canaux, etc.

Bassin de la Basse-Deûle.	Page 67
de la Haute-deûle.	163
Cloître Saint-Pierre.	81
Cour Gilson.	107
Débris Saint-Étienne.	109
Place (grande).	111
(petite ou du théâtre).	Ibid.
de la Mairie.	131
du Concert.	86
des Reigneaux.	38
Port	93
aux matériaux.	177
Quai de la Basse-Deûle.	177
de la Haute-Deûle.	183
Rues de l'Abbaye de Loos.	157
du duc de Bordeaux	89
Esquermoise.	175
Neuve.	10 et 124
du Palais.	152
de Paris.	10
Royale.	160
Saint-Sauveur.	21
Saint-André.	102
Saint-Étienne.	155
de Tournai.	38
Nombre total des rues de Lille (1).	198

NOTA. Comme il eût été fastidieux de donner les noms de toutes les rues et places de la ville, on s'est borné à citer celles dont il est plus particulièrement question dans l'ouvrage.

SapeursPompiers.   89

Topographie et Statistique.

Topographie.	195
Nature du terrain.	196
de l'eau.	197
Étendue de la ville.	197
Caves.	198
Extérieur des maisons.	ibid.
Matériaux avec lesquels on bâtit.	ibid.

Sciences et Arts.

Académie de musique.	87
Amphithéâtre de chimie.	44
Bibliothèque publique.	52
Bustes de saint Pierre et saint Paul.	165
Collège.	55
Concerts d'Amateurs.	88
Cours de Physique.	146
Ecoles académiques.	79
Gaz hydrogène portatif.	166
Jardin botanique.	56
M. Ducornet.	79
Mausolée du duc de Berry.	29
Musée d'histoire naturelle.	145
des Tableaux.	47
Société d'Amateurs des Sciences et Arts.	144
Spectacle.	35
Statues de saint Pierre et saint Paul.	30

Tableaux de l'église Saint-Maurice. 28
    de l'église de la Magdeleine. 66
    De l'hôpital Comtesse. 77
    de la Mairie. 139 et 142
    du Conclave 147
    de l'église Sainte-Catherine. 159
    de l'église Sain'-André. 165
    de l'administration des Hospices. 185
    de Jeanne Maillotte. 186

Nota plusieurs riches particuliers ont en outre des collections d'objet d'arts ou de sciences. Nous citerons comme étant les plus remarquables le cabinet de tableaux de M. Malfait, la belle bibliothèque de M. Barrois, député du département du Nord et celle de MM. Vandercruyssen qui possèdent entr'autres ouvrages curieux l'unique exemplaire français du fameux *Art au merier*, reconnu pour le premier livre qui ait été imprimé en France.

Esplanade

Allées de l'esplanade. 168
Jeu de balle. 172
Ma campagne. 176
Petit paradis. 172
Plaine. 175
Ramponeau. 177
Tir au pistolet. 175

ENVIRONS DE LILLE.

Abbaye de Loos. P. ge 227
    de Marquette. 263
    de Cysoing. 248
Armentières. 217

Ascq.	146
Canal de la Bassée.	233
Cimetières.	253
Cysoing.	247
Cômines.	266
Deûlemont.	264
Église de Wazemmes.	223
Esquermes.	224
Fâches.	240
Faubourg de la Barre.	214
de Béthune.	220
de Paris.	234
de Fives.	244
Saint-Maurice.	251
de la Magdelaine.	263
Saint-André.	263
Fontaine de le Saulx.	215
Grande fabrique de Marc-en-Barœuil.	262
Haubourdin.	230
Hellemmes.	245
La Bassée.	231
Lannoy.	250
Lezennes.	245
Maladrerie.	216
Marcq (la)	262
Marquette.	263
Mont des tombes	246
Mons-en-Pevèle.	242
Moulin de Lesquin.	243

Notre-Dame de grâce.	225
Nouvelle aventure.	223
Phalempin.	241
Pont-à-Bouvines.	246
Pont de canteleu.	215
Pyramide de Cysoing.	249
Quesnoy.	264
Riez (le)	215
Roubaix.	254
Route d'Armentieres.	217
Seclin.	239
Statistique de l'Arrondissement.	270
Templemars.	241
Tourcoing.	259
Wervick.	265

Table Chronologique.

Années.

50 (AVANT JÉSUS-CHRIST). Jules-César fait bâtir le château du Buc. page   105

621 (après J. C.). Naissance de Lydéric.

640 Fondation de Lille, par le même.   33

838 Fondation de l'Abbaye de Cysoing, par Évrard, Comte de Frioul.

1008 Naissance de Baudouin V, dit *de Lille*, sur la place d'Arras.

1030 Baudouin IV fait bâtir les premières murailles de Lille.

1039 Fondation de l'abbaye de Phalempin, par Sas-Walon, châtelain de Lille.

1047 Baudouin V termine les murailles de Lille, y ajoute des tours, des fossés, et y établit quatre portes; celles des *Rues*, du *Chateau*, et de *Weppes*. On n'a point conservé le nom de la quatrième.

1053 L'empereur Henri III dévaste une partie de la Flandre, prend Lille et massacre un grand nombre d'habitans.

1055 Fondation du chapitre Saint Pierre par Baudouin V.

1066 Dédicace de l'église Saint Pierre, en présence

de Baudouin V et du jeune roi *Philippe I*, son pupille. 82

1067 Mort de Baudouin V, universellement regretté.

1088 Raimbert vient enseigner la dialectique à Lille. Le chapitre de Saint Pierre lui confie son école.

1128 Louis-le-Gros roi de France, et Guillaume le Normand, viennent avec une forte armée, assiéger Lille et sont obligés de se retirer.

1146 Fondation de L'Abbaye de Loos, par Thierry d'Alsace.

1175 Philippe d'Alsace obtient de l'empreur de grands privilèges pour ceux de ses sujets qui trafiquent en Allemagne.

1195 Création du magistrat de Lille par Baudouin IX., empereur de Constantinople, et comte de Flandres. Jusqu'alors cette ville était gouvernée par un maire.

1202 Baudouin IX renonce pour lui et ses successeurs au droit que les comtes de Flandres avaient de ne payer le vin dans toute cette province qu'à raison de 3 deniers le lot (double litre). 136

1205 Défaite de Baudouin IX près d'Andrinople, il est pris par Joannic, roi des Bulgares qui lui fait couper les bras et les jambes et jeter le tronc dans un précipice.

1213 Philippe Auguste entre en Flandres avec une armée; il s'empare de Lille, y fait btir le fort de *Renneaux*, et y laisse son fils avec une

Années.

garnison. Les habitans prennent les armes et chassent les français. Le roi revient sur ses pas, reprend la ville et la détruit de fond en comble.   pages 14 et 15

1214 Bataille de Bouvines.

1216 La comtesse Jeanne fait rebâtir la ville, l'agrandit de la paroisse Saint Sauveur, y fonde l'Hôpital Saint-Jean (ou Saint-Sauveur), et une Maladrerie pour les lépreux   15

1225 Bertrand de Rais se fait passer pour Baudouin IX. On reconnaît l'imposture; il est pendu à Loos.

1225 Fondation de l'Hôpital Saint-Jacques, par Roger, châtelain de Lille.   56

1226 Fondation de l'Abbaye de Marquette, par la même princesse.

1227 Fondation de l'Hôpital Comtesse, par Jeanne de Constantinople   Page 73

1235 Création du magistrat de Lille, par la Comtesse Jeanne.

1240 *Arsin* fait à Quesnoy sur la maison d'un hôte de Saint-Pierre qui avait *navré* un bourgeois de Lille. (Voyez à ce sujet le privilège des Arsins.)   Page 91

1243 L'Hôpital Comtesse est transféré à Lille dans le palais de Jeanne de Constantinople.   73

1244 Mort de la comtesse Jeanne, à l'abbaye de Marquette où elle avait pris le voile.

1247 Fondation de l'hôpital de Seclin, par la comtesse Margueritte de Constantinople.

1263 On bâtit le pont de Phin et l'on y fait un marché à deux rangs de maisons.   Page 33

1267 Fondation de l'Abbiette, par la comtesse Margueritte.

1269 Fondation de la procession de Lille en l'honneur de N.-D. de la Treille, par la même princesse.

Années.

1271 Achat fait par la ville de la rivière de La Bassée et établissement du canal, par le châtelain Jean.

1275 Les lillois suivant le comte Guy dans une expédition contre les Liégois

1283 Différens traits sérieux entre le chapitre Saint-Pierre et le mgistrat au sujet de la juridiction de la paroisse Saint-Maurice. Les Echevins font défense à tous bourgeois ou manans de passer le pont du château et d'avoir communication avec les sujets de Saint-Pierre ; mais dans la même, année il y eut un accomodement entre les parties. Page 83

1288 Le comte Guy donne au magistrat la juridiction sur la paroisse de Saint-Maurice, la rue *Pétrin* et les dehors de la porte de Weppes. Il donne au chapitre en indemnité de ses prétentions la dîme de Wambrechies.

1291 Le comte Guy accorde à la ville le droit de pêcher dans les canaux intérieurs et celui de disposer des places pour la franche foire ou fête de Lille.

1292 Expédition vers le Quesnoy en Hainaut à laquelle assiste la commune de Lille, c'est-à-dire les bourgeois capables de porter les armes, ayant à leur tête les magistrats et le châtelain ou son délégué.

1296 Prise de Lille, par Philippe le Bel, après un siège de trois mois.

1297 La ville est rendue au comte; mais au mois d'août de la même année, le roi s'en empare de nouveau et jure de maintenir les privilèges des bourgeois en obligeant tout ses successeurs à prêter le même serment.

1300 Jacques de Saint-Pol, gouverneur de Lille, y fait bâtir le fort de Courtrai.

1302 (15 août) La ville est reprise par Jean de Namur, fils du comte de Flandres.

Années.

1304 (1.er octobre) Les Flamands ayant perdu la bataille de Mons-en-Pevèle, le roi reprend Lille pour la troisième fois et conserve cette ville en vertu d'un traité avec Robert successeur du *comte Guy*.

1313 (juin) Un sujet du seigneur de Wavrin ayant battu un bourgeois, toute la commune de Lille sort en armes avec ses magistrats pour aller brûler la maison du coupable. Le bailli s'oppose à cette exécution en montrant une défense du roi Philippe; mais le gouverneur ayant écrit à ce prince qu'en vertu de ses privilèges, la commune ne pouvait rentrer en ville qu'après avoir accompli sa vengeance, la défense fut levée.

1330 L'argent devient si rare que le roi réduit le prix de toutes choses d'un quart jusqu'à Pâques et d'un autre quart après Pâques; on voit par le tarif annexé à cette ordonnance que les journées d'ouvriers se paient de 4 à 6 deniers.

1336 Jean Wafflard dit de Croix répand la terreur dans les environs de Lille; on met sa tête à prix.

1340 Les Anglais et Flamands pillent Armentières et menacent Lille. Le gouverneur les bat dans une sortie.

1346 Ordonnance par laquelle on ne doit choisir pour échevins que des hommes mariés ou veufs. D'après des ordonnances précédentes on ne pouvait nommer que des personnes ayant droit de bourgeoisie, et les avocats étaient particulièrement exclus de la magistrature, à moins qu'ils ne renonçassent à leur profession.

1355 Entrée du roi Jean à Lille.

1358 Baptême de la cloche appelée *le Vigneron* qui était à Saint-Maurice.

Années.

1360	La ville de Lille contribue à la rançon du roi Jean, pris par les Anglais à la bataille de Poitiers, et fournisse deux ôtages.
1361	Le roi Jean accorde aux valets de bourgeois de Lille le privilège de porter armes offensives et défensives dans la châtellenie.
1361	Le chevalier Grant le Mor, banni de Lille, exerce des brigandages dans les environs et jusqu'à Bruges. Le roi Charles fait mettre sa tête à prix.
1368	Le roi Charles V vient à Lille et confirme les privilèges de la ville.
1369	Mariage de Margueritte, héritière de Flandres avec Philippe le hardi, duc de Bourgogne en faveur duquel le roi Charles son frère, rend au au comte Louis de Mâle, les villes de Lille, Douai, Orchies et autres.
1379	Les Gantois se révoltent et viennent ranger les environs de Lille où le comte s'était réfugié. Jean Prunel, un de leurs chefs est pris et roué sur la place de Lille.
1384	La procession ne sortit pas de la ville en cette année, à cause de la guerre.
1386	Le roi de France méditant une descente en Angleterre vient à Lille avec toute sa cour.
1409	(2 décembre) Combat à toute outrance qui à lieu à Lille entre Antoine de Craon et le sire de Courtran seigneur anglais.
1417	Le duc Jean de Bourgogne, dispense les magistrats de Lille d'aller le servir en armes, ainsi qu'ils y étaient tenus précédemment quand la commune marchait.
1419	Luc le Borgne, Massin Dubosquiel et quelques arbalètriers s'engagent à accompagner Jean de Luxembourg au siège de Roye, moyennant treize franc de 24 *blancs doubles* par mois. Le chef avait double solde.

Années.

1428 Thomas Connecta, fameux prédicateur, vient à Lille prêcher devant le duc. Il se déchaîne contre le luxe et la parure des femmes qui porteaient des chaperons d'une hauteur extravagante ; au sortir de ses sermons les enfans tiraient ces sortes de coiffures avec des crochets et les jetaient dans la boue.

1429 Quelquet hérétiques sont condamnés au feu par l'évêque de Tournai et l'inquisiteur Lambert de Camp, qui prétendent confisquer les biens des condamnés ; mais le magistrat s'y oppose en vertu des privilèges de la ville. Le duc de Bourgogne intervient, et la confiscation est annullée.

1430 Chapitre de la toison d'or tenu dans l'église Saint-Pierre à Lille.

1431 Grandes fêtes données à Lille pour Philippe le Bon. pages 112 et 140

1432 (2 septembre) La ville pour certains services rendus par Jean, seigneur de Roubrix lui donne en arrentement l'hôtel de Roubaix, situé au coin de la rue Basse, vis-à-vis celles des Prêtres, avec la tour d'Isembart près la rue Petrinck, moyennant 8 sols 6 deniers de rente.

1437 Grande cherté de grains.

1445 (21 janvier) Philippe le Bon autorise à faire une loterie. page 148

1448 Philippe le Bon défend aux bourgeois de Lille de donner des robes de livrée à d'autres qu'à leurs propres domestiques, et enterdit à qui que ce soit de porter des haches d'armes, langues de bœufs, longues dagues et autres armes offensives, à cause des fréquens assassinats qui se commettaient à la faveur du privilège que le roi Jean avait accordé aux valets des bourgeois.

1452 On oblige tous les habitans, mêmes les gens d'église à monter la garde. 25*

1453 Grande fête donnée à Lille, et repas du Faisan.
page 140
1456 Le duc Philippe demande une prébende de St. Nicolas pour Mathienette Godin. Les magistrats la refusent, attendu qu'elle n'était pas bourgeoise et que le réglement s'y opposait. Le duc approuve leur refus et confirme ce réglement.
1459 Pour soutenir la fête de l'Epinette, le du accorde à la ville un impôt sur le poisson de mer, etc. page 125
Idem Célèbre ambassade de 50 cavaliers envoyés à Lille par l'empereur des Grecs pour implorer le secours de Philippe, qu'il qualifié de *grand duc des pays occidentaux*.
1464 Joûte de l'épinette en présence du Roi Louis XI. Le jeune de Renty tue d'un coup de lance, le Chevalier Pollard, surnommé *le grand diable*. page 125
1466 Fondation de l'hôpital Gantois, par Jean Delecambe. page 11
1467 Mort de Philippe-le-Bon.
Idem Incendie de l'hôpital Comtesse. L'aumônier Jean Deleseurre et son domestique sauvent les principaux titres ; mais en voulant sauver aussi les manuscrits de la bibliothèque ils périssent tous deux.
1479 Pierre Delobel roi de l'épinette, va à Bruges suivant l'usage, et joûte contre l'archiduc Maximilien.
1480 Les Échevins ne reçurent cette année que 36 liv. parisis chacun pour leur robe et 12 liv. fr. pour des *faisses* de velours.
1481 Levée extraordinaire pour la défense du pays, de tous les hommes de 18 à 70 ans. Chacun d'eux doit se fournir d'une robe et d'un paleteau *blanc et sanguin, avec une croix de saint*

André bleue derrière et devant. Les archers armés de douze flèches, et les autres d'une lance de 18 pieds.

1482 Traité de paix entre l'archiduc et le roi de France.

1483 (2 mai) établissement de la confrérie de Ste. Barbe, formée par les canonniers et couleuvriniers de Lille. page 59

1509 (9 août) Défenses de jouer aux dés, aux cartes ou aux besques, sous peine de 10 liv. parisis d'amende.

1515 Suspension de la foire pour cette année, à cause de la peste qui régnait dans beaucoup de villes et dont celle de Lille était récemment délivrée.

1521 Grande famine à Lille.

1527 Les habitans d'Armentières ayant commencé un canal pour recevoir directement les bleds et autres denrées de l'Artois, sans passer par Béthune et Lille, Ces deux villes s'engagent par traité à intenter des procès à frais communs contre celle d'Armentières, jusqu'à ce qu'elle se soit désistée de son entreprise.

1530 (28 décembre), Procès entre les échevins de Lille et le couvent de St.-Antoine de Bailleul, sur ce que les premiers avaient saisi des pourceaux qu'on promenait par la ville avec un sauf-conduit dudit couvent.

1531 Etablissement de la bourse commune des pauvres.

1533 Homologation de la coutume de Lille, par Charles-Quint.

1535 Un dérangement total des saisons qui durait depuis sept ans, produisit une famine si cruelle, que des hommes dévorèrent leurs semblables.

1540 Agrandissement de la ville depuis la porte des malades jusques et au-delà la porte de la barre.

1542 Charles-Quint vient à Lille avec le roi d'Angleterre et loge au palais de Rihour. Nouvel agrandissement en cette année, par lequel l'église Ste.-Catherine se trouve renfermée dans la ville.
1547 Fête à l'instar des jeux de l'épinette. Allard Dubosquiel est créé prince d'amour ; mais cette nouvelle institution ne se soutient pas.
1557 (13 septembre), formation de seize companies bourgeoises.
1563 La ville achète la seigneurie du Pont-à-Vendin 7000 liv. tournois, afin d'assurer la conservation de ses eaux.
1576 La peste règne à Lille.
1577 Démolition du château de Courtrai.
1580 Lanoue, capitaine huguenot, tente de surprendre Lille, mais il est fait prisonnier.
Idem. (9 août) Les *Hurlus* brulent l'église d'Hellesme
1581 (10 mai), nouvelle tentative du prince d'Antoing sur Lille. Quatre bourgeois qui devaient lui livrer la ville sont punis de mort.
Idem. Les compagnies bourgeoises de Lille assistent à la prise de Tournai.
1582 (29 juillet), Jeanne Maillotte repousse les Hurlus. page 58
1583 Les compagnies bourgeoises vont aux sièges d'Oudenarde et de Dunkerque.
1590 Accord pour la redevance de cent anguilles que la ville de Lille payait aux dames de l'abbaye d'Aunay à cause de la seigneurie du Pont-à-Vendin.
1597 La peste règne à Lille.
1600 (6 février), L'infante Claire-Eugénie et l'archiduc Albert, son époux, souverains des Pays-Bas, viennent à Lille. Ils prêtent serment à la ville sur un théâtre élevé vis-à-vis les halles, et reçoivent ensuite le serment des magistrats.

1604 Nouvelle peste à Lille.
1609 Fondation du vrai mont-de-piété par Barthélémi Masurel. 69
1611 Les Jésuites sont transférés de la rue des malades dans celle des Jésuites où le magistrat leur avait fait bâtir un superbe collège.
1624 Etablissement des premières lanternes pour éclairer la ville.
1651 Construction de la bourse. 113
1667 Prise de Lille par Louis XIV.
1670 Agrandissement de la ville du côté du Nord (Voyez paroisse St. André). 66
1671 Construction du fort St. Sauveur. 11
1676 M. Dulauzy, prévôt de St. Pierre fait bâtir l'église de la Madeleine.
1682 Construction de l'arc de triomphe de la porte malades.
1656 Erection de l'hôtel des monnaies. 72
1682 (3 novembre), arrivée des ambassadeurs de Siam. On les régale de la comédie et d'un concert, et les magistrats font publier une défense de rire au nez desdits ambassadeurs, sous peine de prison.
1700 Incendie d'une partie de l'hôtel de ville. 140
1708 Siége de Lille, soutenu par Boufflers.
Idam Reddition de la Citadelle. 181
1713 Traité par lequel Lille est rendu à la France.
1717 Construction du nouveau corps-de-garde la grand'place. 123
1723 Arrivés des entrailles de l'électeur de Cologne, pour être déposées à l'Abbiette.
1726 Etablissement d'un Académie de musique.
1736 Incendie d'une partie de l'hôtel de ville.
1740 Incendie de l'Eglise et d'une partie de la maison des Jésuites.
1744 Entrée de Louis XV à Lille.
1756 Nouvel incendie de l'hôtel de ville.

1789 (21 juillet) la populace pille les maisons de MM. Desoursins, de Druez, Lagache et Martel. La prudence et la fermeté de M. de Bourghelles, Mayeur, arrêtent le cours de cette émeute.

1790 (20 février) Election de M. Vanhonacker, maire et de dix-sept officiers municipaux, choisis parmi les habitans les plus notables, en remplacement de l'ancien corps du Magistrat.

Idem (du 5 au 8 avril) Rixes très-sérieuses entre les régimens royal des vaisseaux, de la couronne, la Colonelle générale et les Chasseurs de Normandie, cavalerie. Il y eût plusieurs hommes tués et un grand nombre de blessés.

Idem (14 juillet) Fédération des départemens du Nord, du Pas de-Calais et de la Somme.

1792 (9 avril) Journée du Pas-de-Baisieux. 38
Idem (septembre) Bombardement de Lille. 21
1793 (2 avril) Affaire de Dumouriez. La ville est sur le point d'être surprise par les troupes de ce général.

1802 Publication du concordat par lequel Lille passe dans le diocèse de Cambrai.

1803 (juillet) Arrivée du premier Consul.

1809 Ouverture du Musée de Lille.

1813 Désastres des armées Françaises. La ville de Lille est mise en état de siège.

1814 (avril) La restauration du gouvernement royal est publiée à Lille.

1815 (22 mars) Le Roi Louis XVIII s'arrête un jour à Lille, avant de quitter la France. 57

Idem (juillet) Lille ouvre ses portes aux volontaires royaux et en refuse l'entrée aux troupes alliées. Réjouissances pendant tout ce mois à l'occasion du rétablissement de la monarchie légitime.

1817 (avril) Représentation par Talma suivie de

rixes violentes entre des habitans et des officiers de la garnison.
1820 Arrivée des entrailles du Duc de Berry, elles sont déposées dans l'église St. Maurice. 29
1825 Rétablissement de la procession de Lille. 85
1826 Démolition de la tour St. Maurice. 23
Idem Inauguration de l'Abattoir.
Idem Construction d'un Beffroi sur l'hôtel de ville.

Nota. Il y aurait eu peut-être un beaucoup plus grand nombre d'évènemens à rappeler ici, surtout depuis 30 ans ; mais c'eût été grossir inutilement le volume pour recueillir des faits qui sont dans la mémoire de tout le monde.
On s'est abstenu aussi d'indiquer les noms des Administrateurs, employés et autres personnes qui exercent des fonctions publiques. L'almanach de Lille, imprimé chez M. DANEL, satisfera pleinement à tout ce qu'on pourrait désirer à cet égard.

FIN DES TABLES.

LILLE. — IMPRIMERIE DE BLOCQUEL.

PLAN DE LA VILLE DE LILLE EN 1826.

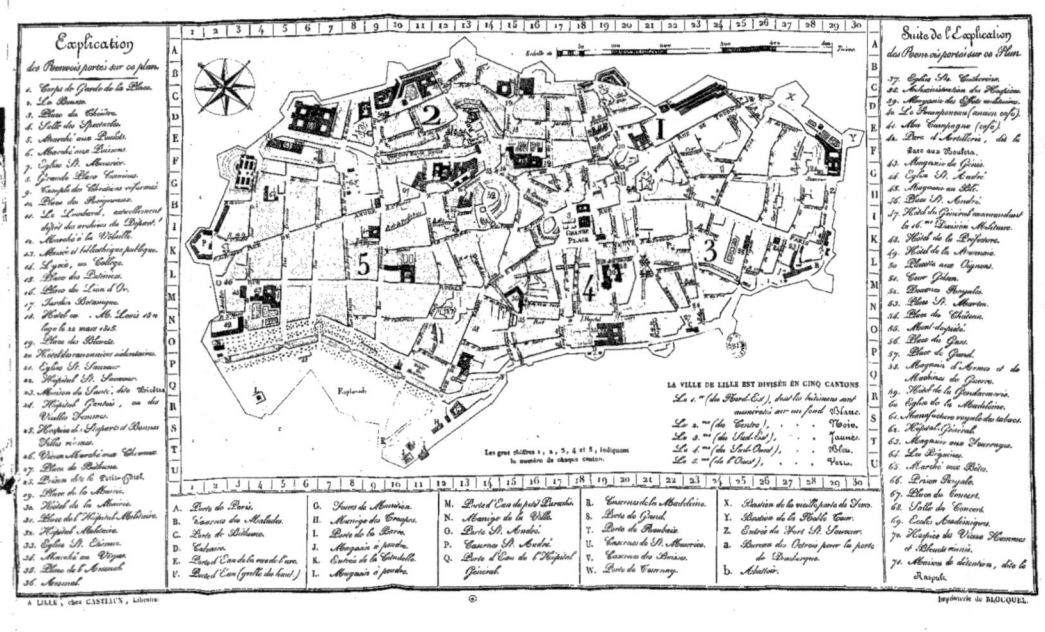

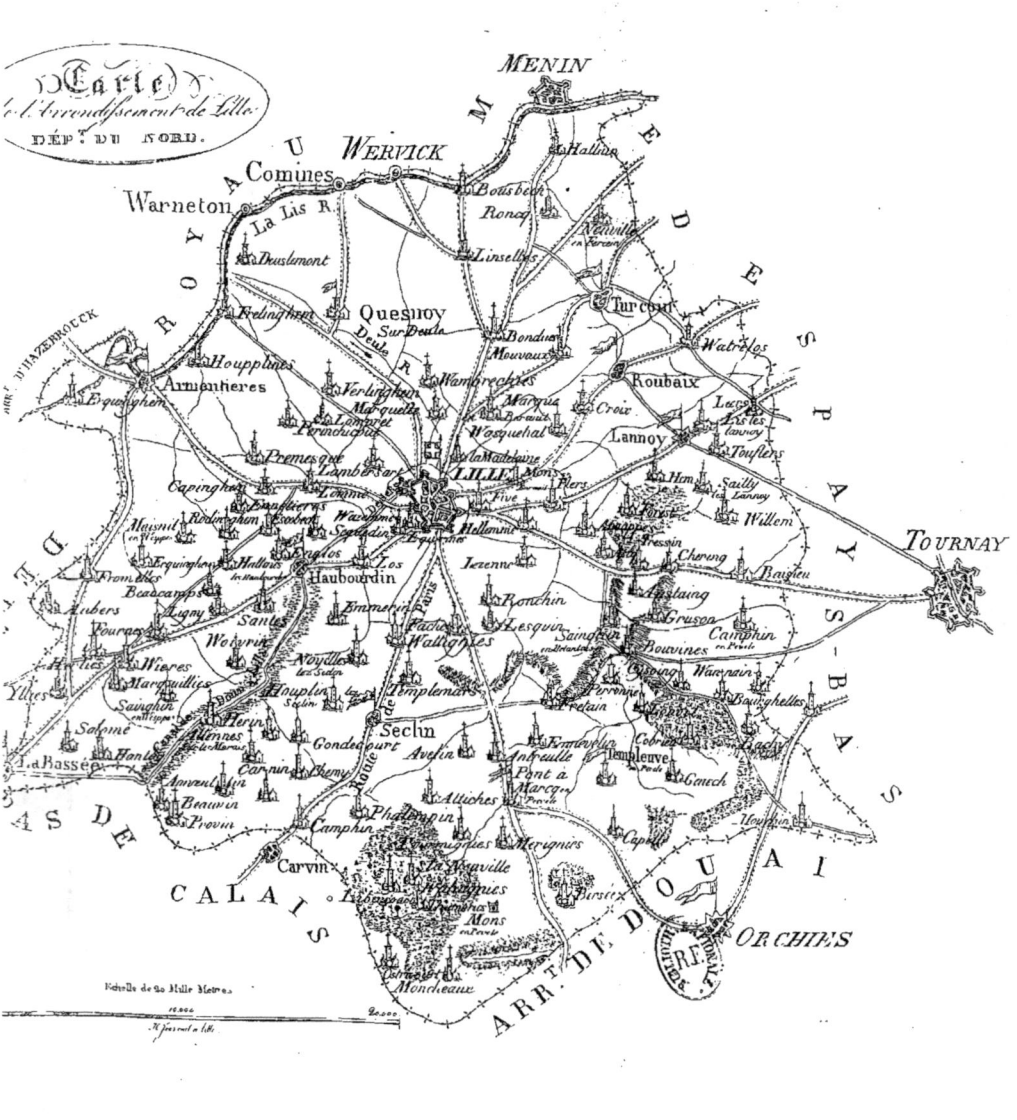

www.ingramcontent.com/pod-product-compliance
Lightning Source LLC
Chambersburg PA
CBHW071415150426
43191CB00008B/920